«Durante los últimos cinco años, si tenía una pregunta sobre construcción de plataformas, medios sociales o cómo sobresalir del grupo, recurría a un lugar: Michael Hyatt. Como autor que convirtió un blog en un libro y cometió innumerables errores en el camino, no pude echar mano a *Plataforma* con suficiente rapidez. Michael Hyatt ha escrito *EL* manual para una de las mayores revoluciones culturales de los últimos cincuenta años».

— JON ACUFF

Autor del *best sellers del Wall Street Journal*
Autor de *Quitter: Closing the Gap Between Your Day Job & Your Dream Job*

«Michael Hyatt ofrece una guía paso a paso sobre cómo construir una plataforma desde los cimientos. Desde cómo comenzar un blog hasta cómo crear un kit de medios en línea, desde cómo construir una página que habla hasta cómo conseguir más seguidores en Twitter, todo está aquí... todo lo que necesitas saber para construir tu propia plataforma y comenzar a obtener la atención que mereces».

— ANDY ANDREWS

Autor de *best sellers* del *New York Times*
Autor de *Cómo matar a once millones de personas, La maleta* y *El regalo del viajero*

«Ojalá hubiera tenido este libro cuando escribí mi primer libro. Michael Hyatt ha desmitificado lo que se necesita para construir y sostener una plataforma sólida».

— NANCY DUARTE

Autora de *Slide:ology* y *Resonate*
Directora de Duarte Design, Inc.

D0556884

«Los líderes son constructores de plataformas. Y construir una plataforma en la cultura ruidosa y distraída de hoy es difícil, pero Michael Hyatt sabe lo que se necesita para llegar allí. Ha practicado y experimentado todo aquello que escribe. Tiene un *saber cómo* y una influencia de las que querrás aprender, ya que brinda la experticia sobre el quién y el qué de la construcción de plataformas. Este libro es importante, oportuno, y profundamente práctico para cualquier líder que desea expandir su alcance e influencia y aumentar la visibilidad de su marca, producto, servicio o causa. ¡Lo recomiendo ampliamente!».

— **BRAD LOMENICK**
Presidente de Catalyst

«Michael Hyatt ha reunido los recursos más comprensibles y fáciles de seguir para la construcción de plataformas que he visto. Su método no solo es sumamente preciso y confiable, sino que también es FACTIBLE, porque él realmente lo ha puesto en práctica y ha demostrado que funciona. Recomiendo sus consejos a todos los autores, y como empresaria, también los estoy siguiendo».

— **RACHELLE GARDNER**
Agente literaria, Books & Such

«Sí, talento, deseo y pasión son elementos claves para el éxito como escritor, músico, artista, entrenador u orador. Pero este libro identifica el elefante en la sala... el otro 90% de los procesos necesarios para tener voz en el mundo de hoy».

— **DAN MILLER**
Pensador creativo en 48Days.net
Autor de *48 días para amar tu trabajo*

«Michael Hyatt es un pionero en los medios sociales, que ahora comparte con generosidad sus "secretos" con aquellos de nosotros que hemos estado maravillados por su éxito durante muchos años. Seas un experto escritor, *bloguero*, orador y entusiasta de los medios sociales, o apenas estés comenzando, este libro te ayudará a dar ese siguiente paso y comenzar a construir una plataforma propia».

— **DAN T. CATHY**
Presidente y gerente de operaciones
de Chick-fil-A, Inc.

«Michael Hyatt es un maestro de la comunicación clara con un importante mensaje. Tiene un don para dominar problemas complejos con pasos factibles y estrategias memorables. Este libro es de lectura obligatoria para todo el que desea obtener atención para su producto, servicio o misión».

— **CRAIG GROESCHEL**
Pastor sénior de LifeChurch.tv
Autor de *Soul Detox, Clean Living in a Contaminated World*

«Los maestros de la comunicación hacen lo que dicen. Michael Hyatt es un maestro. La congruencia entre lo que dice y cómo vive parece verdadera, así que acércate y aprende. Infunde vida en cada oración, ¡de modo que prepárate para experimentar una explosión de ideas!».

— **PATSY CLAIRMONT**
Autora de *Stained Glass Hearts*

«Empresarios, oradores, escritores o cualquiera que insista en que tiene un mensaje para compartir, este es un libro para ustedes. Michael ha dado en la tecla desde el concepto hasta la creación y la conexión. Si quieres ser escuchado, ¡tiene que haber oídos que apunten en tu dirección! *Plataforma* es la fórmula perfecta para conseguir la mayor cantidad de oídos posibles en el rango de audición para que se te oiga por encima del clamor».

— **CARRIE WILKERSON**
Autora de *El ejecutivo descalzo*
Conductora de BarefootExecutive.TV

«¡Finalmente! Un libro que va más allá de las minucias habituales que se escuchan y te dice cómo construir de verdad una audiencia. *Plataforma* de Michael Hyatt es la guía esencial para encontrar verdaderos fanáticos y mantenerlos. Recomiendo este libro a todo escritor, artista y empresario que conozco... y probablemente lo seguiré haciendo durante años».

— **JEFF GOINS**
Autor de *Wrecked: When a Painful World Slams into Your Comfortable Life*

«*Plataforma* es un libro que puedes abrir en cualquier capítulo y encontrar una lista de acciones prácticas para poner en tu agenda hoy y comenzar a construir tu plataforma de inmediato. Esta información es crucial para todo el que trata de capturar la vista, el oído y el corazón de la gente en el mundo de hoy. Estoy comprando un ejemplar para todo mi equipo, así podemos leerlo juntos e implementar esta estrategia».

— KEN DAVIS
Autor de *Fully Alive*
Orador y entrenador en comunicaciones

«Este no es solo un libro, es un camión con acoplado cargado con materiales de construcción que acaba de estacionar en tu puerta. Michael Hyatt no solo nos brinda un montón de madera, una bolsa de cemento, algunos clavos y nos dice que comencemos a construir. Nos da un conjunto de planos que han funcionado para él y nos da en este libro ideas prácticas e ilustrativas sobre cómo podemos construir el andamiaje alrededor de nuestros sueños».

— BOB GOFF
Autor de *El amor hace: descubre una vida secretamente increíble en un mundo ordinario*

«He observado a Michael Hyatt construir su plataforma en los últimos años. Como resultado, he aprendido muchísimo sobre la importancia de construir una plataforma, comprometer a la tribu y agregar valor a la conversación. Su capacidad para inspirar WOW me impulsa a cambiar continuamente mi estrategia en línea y mejorarla. No puedo esperar a que leas este libro. Será todo lo que necesitas para construir tu plataforma y marcar una diferencia en el mundo... incluso comenzarla de cero».

— SPENCE SMITH
Director de relaciones con el artista de Compassion International, EUA

«Entonces, tienes un mensaje que debe ser escuchado, pero careces del conocimiento o los dólares necesarios para transmitirlo. En otras palabras, no tienes una *plataforma*. Mi amigo y cliente Michael Hyatt cambiará esa situación para ti. Compra este libro, léelo y ponlo en práctica. Transmite tu mensaje a todos lo que necesitamos escucharlo. Él puede ayudarte y lo hará».

— DANIEL HARKAVY
Director ejectutivo y coach ejecutivo
de Building Champions, Inc.

«Michael Hyatt es mi primera fuente para aprender cómo construir mi propia plataforma. Todo lo que escribe, lo leo. Todo lo que hace, trato de imitarlo de algún modo, porque sé que lo que escribe proviene de su experiencia y su éxito personales. En un tiempo en que todos necesitamos una plataforma para tener éxito, este es un libro necesario».

— RON EDMONDSON
Pastor, Grace Community Church
Bloguero de Liderazgo en
RonEdmondson.com

«Michael Hyatt ha ocupado gran parte de su carrera profesional para ayudar a otros a alcanzar su potencial. Y ayuda a otros siendo pionero en un camino y luego enseñando ese camino. En *Plataforma*, ha acumulado lo mejor de su asesoramiento y consejos. Si quieres expandir tu influencia, lee *Plataforma* y luego vuelve a leerlo».

— DONALD MILLER
Autor de *best sellers* del *New York Times*
Autor de *Un largo camino de mil años*

«*Plataforma* de Michael Hyatt es exactamente lo que todo empresario y pensador de avanzada necesita para construir una plataforma eficaz, atractiva, el tipo que se gana a los miembros de la tribu e inspira a la acción. Hyatt desmitifica los medios sociales a través de amigables instrucciones paso a paso, historias interesantes y hechos concretos. No solo te inspira a observar la plataforma de manera diferente, emula lo que escribe».

— **MARY DEMUTH**
Autora de catorce libros

«Michael Hyatt es uno de mis héroes. Sigo su guía en casi todo. Mi vida comercial y personal se ha visto radicalmente transformada por su ejemplo. Con los años, he aprendido que uno de los atajos hacia el éxito es el concepto de modelado. Si quieres tener éxito con tu "plataforma", entonces, estudia lo que Mike ha aprendido y aplicado en este nuevo libro. De lo contrario, probablemente termines como una de las víctimas que vemos con demasiado frecuencia en la industria».

— **MIKE SMITH**
Presidente y gerente ejecutivo
Michael Smith & Associates
Gerente veterano de artistas

«Mike Hyatt es un gurú de la plataforma, que creó una audiencia internacional que pasó de nada al WOW en tiempo récord. En este libro asombroso, *Plataforma*, revela sus secretos para el éxito llevando al lector del WOW al CÓMO. Cualquiera que quiera tener éxito en la comercialización de un producto —por ejemplo, uno mismo— encontrará en *Plataforma* un manual invalorable para el éxito».

— **STEVE ARTERBURN**
Autor de *best sellers,* fundador de
Women of Faith
Conductor del show de radio y televisión
Newlife Live

PLATAFORMA
HAZTE OÍR
EN UN MUNDO RUIDOSO

MICHAEL HYATT

GRUPO NELSON
Una división de Thomas Nelson Publishers
Desde 1798

NASHVILLE   DALLAS   MÉXICO DF.   RÍO DE JANEIRO

A todos los autores, artistas y creativos que he conocido a lo largo de los años y que fueron rechazados porque no tenían una plataforma. Este libro es para ustedes.

Editora en Jefe: *Graciela Lelli*
Traducción: *Caputo Consultores & Asociados SRL*
Diseño de página: *Walter Petrie*
Adaptación del diseño al español: *Ediciones Noufront / www.produccioneditorial.com*
ISBN: 978-1-60255-830-4

Impreso en Estados Unidos de América
12 13 14 15 16 BTY 9 8 7 6 5 4 3 2 1

Contenido

Parte cinco: Compromete a tu tribu

El mundo es un escenario

Hace más de cuatro siglos, William Shakespeare escribió: «El mundo es un escenario», y sus palabras son más ciertas hoy que antes. Si tienes algo que decir —a través de un blog, un seminario, un libro, una canción, un guion, un sermón o una obra de teatro— estás en el escenario. Si tienes algo que vender —sea cara a cara, ante una gran multitud o en Internet— también estás sobre el escenario.

Pero el escenario nunca ha estado más abarrotado, y estar simplemente en él no importa demasiado si las luces no te están iluminando, o si no hay nadie en el público.

Este libro trata sobre atraer a ese público, encendiendo las luces más brillantes que puedas encontrar y construyendo una lealtad apasionada para que tu audiencia te siga en cada línea, cada escena, cada acto. No es una cuestión de ego o de ser el centro de atención. Se trata de tener algo de valor para los demás y de hallar la forma más poderosa de transmitir ese mensaje a otros que puedan beneficiarse con él.

Si eres un aspirante a (o ya un exitoso) autor, artista, músico, orador público, vendedor, candidato a ocupar un cargo público, alguien que tiene algo que decir o vender, quiero ayudarte a subir al escenario y hacerte notar más allá de tu imaginación más alocada.

EL NUEVO ESCENARIO

Es probable que nunca hayas oído hablar de mí antes de tomar este libro, a menos que estés de algún modo conectado con la edición o sigas mi blog. Después de todo, no soy una celebridad y no tengo un programa de entrevistas en TV por cable, ni he grabado un éxito discográfico, ni me postulé para un cargo público, ni lo he tenido. (Gracias a Dios.)

Sin embargo, a pesar de esto, tengo algo que necesitas, algo que debes desear profundamente, si quieres alcanzar el éxito en tu campo. Se llama una *plataforma*.

Dicho en forma simple, plataforma es aquello sobre lo que te paras si quieres ser oído. Es tu escenario. Pero a diferencia del teatro, la plataforma de hoy no está construida con madera o cemento ni está asentada en una colina cubierta de hierba. La plataforma de hoy está construida de gente. Contactos. Conexiones. Seguidores.

Tu plataforma es el medio por el cual te conectas con tus fans existentes y potenciales. Podría incluir el sitio web de tu compañía, un blog, tus cuentas de Twitter y Facebook, un show de video en línea o un archivo de sonido. También puede incluir tus apariciones personales como orador público, músico o artista. Incluso podría incluir medios tradicionales como una columna en un diario, artículos en revistas o programas de radio. Muy probablemente incluirá una combinación de todos estos ítems.

QUIÉN

Como en el pasado, el éxito hoy no se trata de *qué* conoces; se trata de *a quién* conoces. Y ese *quién* es tu plataforma. Quizás ya tengas, o creas tener, un *qué* significativo. Pero tienes que hacerte oír en medio del ruido de miles de otras voces; también tienes que ser capaz de presentar tu brillante y significativo qué a alguien. Puedo ayudarte a encontrar y a conectarte con el quién en la ecuación.

Tal vez te preguntes por qué deberías escucharme sobre este tema. Esta es la razón. Mi blog, MichaelHyatt.com, tiene más de cuatrocientos mil visitantes por mes. Además, más de cincuenta mil personas se suscriben a mis entradas diarias en el blog. De hecho, este libro se basa, en gran parte, en muchas de mis entradas sobre redes sociales. Tanta gente pidió que reuniera mis pensamientos sobre el tema en un lugar que, finalmente, me senté e hice simplemente eso (con algunos agregados significativos). También tengo más de cien mil seguidores de Twitter y quince mil fans en Facebook.

Y todo eso ocurrió en los últimos ocho años.

Como alguien que se ha conectado con muchos quiénes, puedo decirte con certeza que construir una plataforma ya no es cuestión de ser escogido por un alguien, invertir miles de dólares en asesores o comprender tecnología compleja y confusa.

Esto puede haber sido real hace cinco años. Pero no hoy. Las tecnologías de medios sociales lo han cambiado todo. Ahora, por primera vez en la historia, quienes no son celebridades —gente como tú y yo— pueden ser notados y ganar mucho en un mundo cada vez más ruidoso.

LA ECUACIÓN

Hace unos días, recibí un mensaje de correo electrónico de una aspirante a escritora que trataba de hacerse un nombre en medio de sus millones (literalmente) de competidores. El mundo editorial es uno de los más ruidosos. Este es un ejemplo perfecto de alguien que cree que su libro (el qué) debería ser suficiente para el éxito. Su mensaje era el típico que escucho todas las semanas como presidente del directorio de Thomas Nelson Publishers. Escribía:

> Dos agentes respetados me han dicho que les encantó mi libro y mi propuesta y están dispuestos a representarlo, pero no hasta que tenga miles de seguidores en los medios sociales. Esto me parece desconcertante: ¿un buen libro ya no se sostiene por sí solo? ¿Los escritores estamos condenados ahora a perder la mayor parte de nuestro día de trabajo pescando suscriptores en el blog?

La respuesta a la primera pregunta es no. Un buen producto ya no se sostiene por sí solo. Es fundacional, pero no es suficiente. La respuesta a la segunda pregunta es sí. Tendrás que ser proactivo respecto de crear la parte quién de la ecuación. Para tener éxito en el ambiente empresarial de hoy, necesitas dos cosas: un producto atractivo *y* una plataforma significativa.

Simplemente no es suficiente construir un buen producto, diseñar un mensaje interesante, componer una hermosa pieza musical, escribir una novela brillante o defender una causa de peso. Esto es ahora más cierto que nunca. ¿Por qué? Dos razones:

1. **La competencia nunca ha sido tan grande.** ¿Has hecho compras en línea últimamente? El otro día estaba buscando un plasma en Amazon, ¡y obtuve 19,069 resultados! Es absurdo, pero es la realidad que uno enfrenta si está tratando de transmitir un mensaje sobre algo que quiere vender.

2. **La gente está más distraída que nunca.** No es solo que tenemos más productos disponibles. Tenemos más de todos los medios disponibles. Más películas. Más canales de televisión. Más aplicaciones, estaciones de radio, archivos de sonido y juegos de video. Más sitios de noticias, blogs y, por supuesto, Facebook y Twitter. En otras palabras, la atención de la gente es un *recurso finito*, y estás compitiendo contra todos los otros medios que quieren una porción de la atención de tu posible cliente.

Esto puede ser desalentador, como fue para la aspirante a escritora que se puso en contacto conmigo, pero yo elijo verlo como una oportunidad. Nunca antes ha habido tantas formas en que puedes conectarte con la gente si lo haces bien. Aquí es donde entra en juego la construcción de una plataforma.

Obtienes al menos tres beneficios al construir cuidadosamente y alimentar tu plataforma:

1. **Una plataforma da visibilidad.** La palabra *plataforma* en sí misma es una metáfora para el escenario del que hablé antes: un escenario en el que te elevas sobre la multitud. Hace posible que todo el público te vea. Esto es especialmente importante en nuestro mundo ruidoso, donde más y más gente y organizaciones gritan para conseguir nuestra atención.

2. **Una plataforma brinda amplificación.** Te permite ser oído por encima del rugido de la multitud. El ruido. Mucho antes de los modernos sistemas de sonido, los predicadores y los políticos se paraban sobre plataformas para ser escuchados. Los sistemas modernos de sonido

apalancan la acústica natural y posibilitan hablar delante de decenas de miles de personas. Hoy, los medios modernos —en especial los medios sociales— te brindan una oportunidad de extender aun más tu alcance.

3. **Una plataforma brinda conexión.** Las plataformas de medios tradicionales posibilitan una especie de intimidad unilateral. «Conoces» al conductor del programa de entrevistas, al artista, al orador de la conferencia. Pero los medios sociales han llevado esto a un nivel totalmente diferente. Posibilitan la intimidad bilateral: el *compromiso*. El resultado es que puedes estar más conectado que nunca con tus fans, tus clientes y tus seguidores.

Ahora que comprendes el concepto básico de plataforma, así es como te guiaré durante la construcción de un escenario sólido, duradero para ti, para tus productos, tus servicios o tu causa.

En la primera sección de *Plataforma*, «Comienza con el wow», descubrirás cómo crear, nombrar y presentar un producto irresistible (el qué). Si eso no está bien, nada más importa. Una vez que hayas definido esto, puedes sumergirte en el quién.

La sección «Prepárate a despegar» cubre todo lo necesario desde establecer tus herramientas de marca hasta asegurar respaldos totales y crear un kit de medios en línea.

Luego pasa a la sección «Construye tu base de operaciones» (donde entramos en los detalles de la construcción de un sitio web fuerte para ti) y a «Expande tu alcance», que cubre el blog, Twitter y Facebook. Finalmente, cerramos todo con «Compromete a tu tribu», con cierta información valiosa sobre cómo monitorear tu marca y lograr el compromiso de tu público.

Plataforma es un libro diseñado para ser lo más amigable posible con el lector. Quizás quieras leerlo entero, en orden, o tal vez encuentres un tema que te interesa y te sumerjas en él. Cada capítulo es autónomo. (No tengo dudas de que muchos saltarán directamente al último capítulo «Monetiza tu blog».) Encontrarás un índice al final para búsquedas detalladas.

PARTE UNO

COMIENZA CON EL WOW

Crea un producto irresistible

Ahora ya sabes que hay aspectos fundamentales en la ecuación del éxito: un producto irresistible (el qué) y una plataforma significativa (el quién). En este libro encontrarás mucha información sobre el segundo elemento de la ecuación, pero si no has dado en la tecla con el primer elemento —el producto irresistible— no ganarás el partido.

No tiene sentido que pierdas tu valioso tiempo y recursos tratando de que se hable de un producto insulso. Como escribió una vez mi gurú favorito del mercadeo, David Ogilvy, «El buen mercadeo solo hace que un producto malo fracase más rápido». Cuánta verdad.

Durante años he afirmado: «Es el producto, idiota». El secreto del éxito en cualquier negocio es presentar un producto excelente, irresistible. Y cuando digo *producto*, quiero decir cualquier cosa que estés tratando de decir o de vender. Puedes ser tú mismo, si eres un orador o un artista. Podría ser un servicio estelar que brindas para obtener ganancias o sin fines de lucro. Tal vez sea una causa que estés defendiendo, un mensaje que te apasiona. O podría ser un producto físico real, como un libro. Más allá de la forma que tenga tu producto, ningún mercadeo inteligente, ningún arte de vender o ninguna excelencia operativa puede superar un producto débil.

El propósito del mercadeo es hacer promoción. Pero si la gente no quiere usar tu producto y, lo que es más importante, si no quieren recomendarlo a sus amigos, estás arruinado. No importa el dinero que gastes o lo inteligente que seas, no se puede superar la falta del mercadeo boca a boca. Simplemente no funcionará.

A la luz de esto, fue fascinante observar cómo Apple presentó el iPhone. Como millones de fanáticos de Mac, leí todos los artículos e incluso me abrí camino por el ingenioso sitio web interactivo de Apple. Me dije: *Tiene mucha onda. Definitivamente quiero uno de estos.* Pero también pensé: *Puedo esperar hasta la segunda generación. Que primero lo limpien de defectos.*

Pero luego vi la presentación de Steve Jobs desde el MacWorld en 2007. Si estás involucrado en cualquier aspecto del desarrollo de un producto, este es un video que debes ver.[1]

Saqué tres ideas:

1. **Crea productos que usarías personalmente.** Al ver a Steve, uno tiene la sensación de que ama el producto. Está tan familiarizado con él porque lo ha estado usando. Piensa que «tiene mucha onda», y no tiene miedo de decirlo. Esparce palabras como *asombroso, increíble* y hasta *mágico* en su charla. Exhibe el asombro de un niño de cinco años la mañana de Navidad. Uno de verdad le cree. No está tratando de vender algo. Simplemente está compartiendo su experiencia.

   ¿Y qué pasa con los productos que tú creas? Si estás hablando de tu negocio, ¿transmites mensajes apasionantes y poderosos que sabes que pueden marcar una diferencia en la vida de la gente? Si estás en ventas, ¿usas los ítems que vendes? ¿Los recomendarías con entusiasmo a un amigo? ¿Realmente te encantan estos productos o solo estás tratando de cumplir con una cuota arbitraria o generar ingresos?

2. **Crea productos que resuelvan problemas de modos inesperados.** Fue interesante observar a algunos de los más importantes fabricantes de teléfonos celulares desmoralizados en la prensa la semana anterior al anuncio del iPhone. Esencialmente decían: «Hemos saturado el mercado. Ya no hay nada interesante para construir. Los inversores tienen que hacerse a la idea de un crecimiento de ingresos más lento y márgenes más estrechos. De ahora en más, la competencia va a ser brutal».

   Luego Steve presentó un nuevo teléfono que esencialmente reinventaba la categoría. No sorprendió que las acciones de Apple se dispararan. Las de Motorola, Nokia y Samsung cayeron en picada.

Apple no se contentó con crear un teléfono que solo tuviera características adicionales. Repensó por completo la solución, de cero. Los ingenieros de Apple se pusieron en el lugar del usuario y se negaron a verse limitados por el pasado. No comenzaron con la tecnología. Comenzaron con el sueño y luego fueron en busca de la tecnología. Esta es una forma completamente diferente de hacer negocios.

¿Y tú? Muy a menudo pensamos *dentro* de los esquemas habituales. Dejamos que el pasado nos limite. No nos ponemos en los zapatos del consumidor y nos preguntamos: «¿qué haría que esto tuviera realmente onda? ¿Qué pondría a esto en un nivel totalmente diferente? ¿Qué crearíamos si los límites de la tecnología actual no fueran un problema?». Hay que salirse de los esquemas y aprender a volver a soñar.

3. **Crea productos que excedan las expectativas de los consumidores.** Cuando vi la presentación de Steve, no puede evitar notar al público. Era como si estuvieran viendo a un maestro de la magia. Mientras Steve demostraba cada nueva característica, el público estallaba en aplausos. Para mi sorpresa, me encontré riendo con júbilo. Me sentía de nuevo un niño. Lo más importante: ¡quería uno de esos teléfonos!

Parte del encanto es que Apple parece ejecutar su visión del producto con una simplicidad y una elegancia tan sorprendentes. Cada ícono en el teléfono es sutil, pero hermoso. Cada característica es fácil de usar, pero no compleja. Todo parece no solo tan bueno como Apple podría hacerlo, sino tan bueno como Apple podría *imaginarlo*.

¿Y tus productos o servicios? ¿Con qué frecuencia te apuraste a sacarlos al mercado con un suspiro y un colectivo: «Bueno, supongo que tenemos que hacerlo. No es maravilloso, pero está bastante bien»?

Lamentablemente, no comenzamos con una visión elevada. Me temo que nos contentamos con la mediocridad; apuntamos bajo y ejecutamos aun más bajo.

Si quieres construir una plataforma, es hora de volver a ponerle pasión. Empuja a los otros y a ti mismo a presentar grandes productos que te encanten, ¡sí, que te encanten!, ofrecer. De no ser así, tu intento de construir una plataforma está condenado al fracaso.

Si creas productos sobresalientes, todo lo demás se hace más fácil. Apple gasta una fortuna en desarrollo de productos. Pero hablando en términos relativos, no gasta mucho en mercadeo. Sin embargo, cuando presentó el iPhone, tuvo más cobertura de prensa que todo el Consumer Electronics Show que se estaba llevando a cabo simultáneamente en Las Vegas. Apple ha demostrado, sin la menor sombra de duda, que «Es el producto, idiota».

Aprende la lección del reglamento de juego de Apple y consigue la primera parte de la ecuación del éxito: comienza con un producto wow.

Cocina el wow

Ahora quiero hablarte de Blake Mycoskie, quien crea wows de un tipo diferente, pero no menos mágicos, que el difunto Steve Jobs.

En 2006, Mycoskie estaba viajando por Argentina y vio que allí muchos niños no tenían zapatos. Entonces, cuando volvió a su casa en Estados Unidos, creó una nueva empresa: TOMS Shoes. Por cada par vendido, TOMS entregaba —uno a uno— un par de zapatos nuevos a un niño que lo necesitara. Al año siguiente, cuando regresó a Argentina con refuerzos, calzó diez mil pares de pequeños pies. Y hacia septiembre de 2010, TOMS y sus socios afiliados como Feed The Children habían entregado más de un millón de pares a niños necesitados en todo el mundo.[1]

Ahora, quizás no pienses que un par de zapatos sea un producto wow, pero para muchos de estos niños, este será su primer par en la vida. Sin zapatos, no pueden ir a la escuela, y son vulnerables a enfermedades que se transmiten a través del suelo y penetran por la piel. Un niño en Kenia dijo: «Estoy entusiasmado porque cuando me levanté a la mañana, no sabía cuándo iba a tener algo como esto». Y un maestro dijo: «Les soy sincero, estos chicos no dormirán hoy. ¡Estarán hablando de esos zapatos toda la noche!».[2] Ahora, eso es wow.

Si tú, como Steve Jobs o Blake Mycoskie, tienes un mensaje que compartir, o un producto o servicio que vender, tengo novedades importantes para ti. No necesitamos más mensajes o productos o servicios. En cambio, necesitamos *mejores* mensajes, productos y servicios. Específicamente, necesitamos aquellos que nos hagan decir wow. Esta es la parte del «producto irresistible» en la ecuación del éxito. Pero ¿qué es wow y cómo podemos desarrollarlo? ¿Cómo podemos asegurarnos de que nuestro mensaje, producto o servicio cree una experiencia así?

El primer paso es aprender a reconocerlo. La mayoría de nosotros ha experimentado momentos de este tipo. Solo tenemos que tomarnos nuestro tiempo para pensar profundamente en ellos.

Por ejemplo, unos veranos atrás, llevé a mi mujer y a mi hija menor a Escocia. Era nuestra primera visita. Alquilamos un coche y pasamos una semana recorriendo las Tierras Altas del oeste. Comenzamos en Edimburgo y fuimos hacia el norte hasta Inverness. Luego nos dirigimos por la parte oeste del lago Ness hasta Fort Augusta y de allí partimos hacia el oeste, atravesando las Tierras Altas, hasta la isla de Skyre. Nos tomamos nuestro tiempo y saboreamos cada momento.

Cuando nos acercamos a la ciudad de Portree, la capital de Skyre, vimos el estrecho de Raasay por primera vez y pronunciamos un ¡wow! colectivo. Era hermoso. Se me llenaron los ojos de lágrimas. Fue un momento trascendente... algo que ninguno de nosotros había esperado.

Experimentamos numerosos momentos así en ese viaje: el castillo de Edimburgo, el canal de Caledonia, el castillo de Eilean Donan, la antigua fortificación de Dun Telve, la bahía de Glenelg, los acantilados de Kilt Rock, la iglesia de St. Mary y St. Finnan cerca de Glenfinnan, y los interminables campos de lupinos escoceses.

Tiempo después del viaje, me junté con mi equipo ejecutivo para una reunión de planificación de todo un día. Cuando comenzamos la sesión de la tarde, les pedí que pensaran en uno de los momentos más poderosos que hubieran experimentado en su vida. Luego pedí a cada uno que compartiera la experiencia. Alguien habló del nacimiento de un hijo. Otro contó la primera vez que besó a su esposa. Otro compartió su experiencia de ver las cataratas Victoria en Zimbabue por primera vez. Fue tan inspirador. Todos pudimos ver que el rostro de cada uno se iluminaba a medida que hablaba. El resto de nosotros entró vicariamente en la experiencia de gozo.

Luego pedí al grupo que tratara de identificar los atributos comunes a cada una de estas experiencias. Esta es la lista que creamos. Toda experiencia wow tiene una combinación de los siguientes diez elementos:

1. Sorpresa. Una experiencia de este tipo siempre excede nuestras expectativas. Crea placer, asombro, maravilla y sobrecogimiento. Un año, para Navidad, uno de mis amigos me compró una copia de la edición ilustrada de *1776*, de David McCullough.[3] Honestamente, se me cayeron las medias. Nunca había visto un libro más hermoso. Como dice la publicidad: «Lleno de sorprendentes réplicas de cartas, mapas y retratos, esta versión actualizada del *best seller* de 2005 de David McCullough brinda a los lectores relatos inéditos de primera mano de los pasos iniciales de Estados Unidos hacia la soberanía». Este producto definitivamente creó una experiencia wow.

2. Anticipación. Anticipar una experiencia wow es casi tan bueno como la experiencia en sí misma. Cuando piensas en ella, comienzas a vivirla por anticipado. Por ejemplo, mientras escribo esto, Gail y yo estamos planeando un viaje a la playa. Estamos empezando a pensar en él a diario. Estoy haciendo una lista mental de las cosas que quiero hacer. Puedo casi sentir la brisa que viene del mar. Con cada nuevo día, la anticipación va en aumento.

3. Resonancia. Una experiencia wow toca el corazón. Resuena en un nivel profundo. A veces nos pone la piel de gallina o incluso nos arranca unas lágrimas. Recuerdo observar a mis dos nietas jugando en la playa por primera vez. Eran la alegría personificada mientras corrían las olas y las olas las perseguían a ellas. Pensé para mí: *¡Ay, ser tan chico!*

4. Trascendencia. Una experiencia wow te conecta con algo trascendente. En ese momento experimentas propósito, sentido o incluso a Dios. Hace años, cuando era agente de artistas, una de mis clientes se sentó frente al piano y tocó unas canciones nuevas para mi socio y para mí. Cuando empezó a cantar, quedé atrapado en la música. Sabía que ese talento venía directamente de otro lugar. Quedé abrumado por la belleza.

5. Claridad. Una experiencia wow crea un momento en el que se ven las cosas con más claridad que nunca. De pronto uno «comprende» de un modo diferente. No hace mucho, estaba leyendo *Momentos perfectos*, de Eugene O'Kelly.[4] La historia era tan poderosa que no pude dejarla. La leí en un largo viaje en avión a la Costa Oeste. En esas pocas horas, tuve más claridad respecto de la vida que la que había tenido en mucho tiempo.

6. **Presencia.** Una experiencia wow crea eternidad. Uno no está pensando en el pasado. Uno no está siquiera pensando en el futuro. En cambio, uno está totalmente presente en lo que está sucediendo ahora. Un momento tan perfecto se produjo cuando disfruté de una tarde en el porche con mi hija, Mary, y su esposo, Chris. Pasamos varias horas hablando y compartiendo una botella de vino. Pareció como si el tiempo se hubiera detenido.

7. **Universalidad.** Una verdadera experiencia wow es casi universal. Casi todos la experimentarán de un modo similar. Esta es la razón por la que el Cirque du Soleil y el cañón del Colorado son tan populares. Son tan irresistibles que atraen a gente de todas las edades y grupos étnicos.

8. **Evangelismo.** Una experiencia wow tiene que ser compartida. No se la puede contener. Comienzas a pensar de inmediato en todas las personas que quisieras que estuvieran contigo. Después de la experiencia, la recomiendas incondicionalmente. Te vuelves un evangelista *ad honorem*. Me ha pasado con todos los libros que recomiendo a mis amigos y en mi blog. Y como sabrás, los «evangelistas de Apple» son un fenómeno en sí mismos.

9. **Longevidad.** El brillo nunca se borra de una experiencia wow. Puedes experimentarla una y otra vez sin cansarte de ella. En 1973, asistí a un concierto de Crosby, Stills, Nash & Young en el Estadio Texas de Dallas. Estaba en el campo de juego, a unos diez metros del escenario. Fue increíble. En el año 2000, para mi cumpleaños, Gail compró entradas para el concierto de CSN&Y en Nashville. Veintisiete años después, volvieron a deslumbrarme.

10. **Privilegio.** Una experiencia wow te enorgullece para bien. Estás contento de estar asociado con ella. Te sientes privilegiado, como si pertenecieras a un grupo de elite, pero al mismo tiempo, sientes la humildad de haber tenido la experiencia. «Sandra» tuvo una experiencia wow después de una cirugía de implante coclear. Cuando le

hicieron los implantes, estaba ya totalmente sorda. El día de la activación, oyó las primeras palabras que le dirigía su nieta: «¿Puedes oírme, abuela?». A los pocos meses, su audición era clara y «Comenzó la magia. Oí las voces de mis nietos por primera vez, y las de mis hijos, mi familia y mis amigos sonaban como las recordaba. ¿Puede algo en la vida ser mejor que esto?».[5] Claramente, Sandra se siente privilegiada y humilde a la vez.

Ser exitoso significa convertirse en un experto en reconocer el wow cuando aparece. Más importante aun significa ser capaz de reconocerlo cuando está ausente, y esforzarte para encontrarlo. No te conformes con menos porque, al hacerlo, estás privando a tus clientes de la experiencia wow que buscan... y merecen. Es la base para construir una plataforma significativa.

Supera las expectativas del mercado

El 28 de noviembre de 2010, el muy anticipado musical de *rock* de Broadway *Spider-Man: Turn Off the Dark* tuvo su preestreno. El público estaba entusiasmado de ver un show del que se habían agotado las entradas, pues estaba dirigido por Julie Taymor, que también había dirigido la espectacular adaptación musical de *El rey león*. Y la parte musical también sería sobresaliente; la música y la letra fueron escritas por Bono y The Edge, la mitad de U2. Con un costo de sesenta y cinco millones de dólares, la producción iba a ser una puesta con impresionantes efectos especiales visuales.

Sin embargo, fue un rotundo desastre. El fiasco de cuatro horas comenzó tarde; tenía un argumento completamente confuso, y «tuvo varias interrupciones porque el equipo se cayó de las vigas y los actores quedaron colgando en el aire».[1]

El actor principal, Reeve Carney, quedó «atrapado en un arnés en un punto, mientras colgaba a unos metros del suelo en el aire sobre la audiencia al final del primer acto».[2]

De las mil ochocientas personas más o menos que había en el público esa noche, algunas se retiraron. Estos fueron algunos de sus comentarios:[3]

- «Ok, no tengo idea de qué estuve viendo. Era un desastre totalmente incoherente. Taymor parece haber quedado tan atrapada en el simbolismo y los efectos especiales que se olvidó de incluir una historia. Innovadora a veces, pero siempre sin alma».

- «El espectáculo se interrumpió 5–6 veces. En una de esas veces en el segundo acto, una mujer del público gritó: "¡No sé los demás, pero me siento un conejillo de Indias y quiero que me devuelvan el dinero!". A todos tendrían que devolvérnoslo».

- «Ah. Argumento. Cierto... El primer acto fue incomprensible. El segundo acto fue raro. Me perdí por completo. Se supone que el espectáculo tiene que tener un sentido ¿no?».

El público de *Spider-Man* esa noche estaba esperando una experiencia wow, y lo que Taymor le brindó, para decirlo suavemente, fue decepcionante. Eso es algo que deseamos evitar, aunque sea en una escala más pequeña y menos pública.

Esta es la conclusión: *debes superar las expectativas actuales del cliente.*

Esto no suena demasiado profundo. Pero pienso que tiene grandes implicaciones para aquellos de nosotros que estamos comprometidos con crear experiencias de este tipo... y construir plataformas significativas.

En primer lugar, cada persona aporta un conjunto específico de expectativas a la experiencia. Esas expectativas pueden ser conscientes o inconscientes. Pueden ser generales o específicas. Pueden ser vagas o estar claramente definidas. Más allá de todo esto, ningún cliente llega a una experiencia sin algún tipo de expectativa. Es simplemente la forma en que funciona la mente humana.

En el caso de *Spider-Man: Turn Off the Dark*, varias cosas forjaron las expectativas del público: su experiencia anterior con las muy populares películas de *El hombre araña*; la reputación de la directora, Julie Taymor (famosa por *El rey león*), y del compositor de la música, el emblemático Bono; su familiaridad con el personaje en el que se basaba el musical; y los comerciales y anuncios que habían visto.

El punto es que cada uno llegó al musical con un conjunto de expectativas muy definido. Cabe destacar también el uso de la palabra *actuales* en mi definición anterior. Nuestras expectativas para los musicales eran diferentes hace veinte años; no teníamos cosas como la computación gráfica o la iluminación computarizada para lograr efectos especiales. Cada nuevo wow crea un nuevo umbral para el siguiente.

En todo caso, los miembros de la audiencia de *Spider-Man* podrían haber tenido tres experiencias diferentes en relación con sus expectativas:

- Decepcionante: la experiencia no cumplió con sus expectativas.
- Buena: la experiencia satisfizo sus expectativas.
- Wow: la experiencia superó sus expectativas.

Por favor, nota que solo la última es una experiencia wow. Las otras dos son *no*-wow. Buena, no es suficiente. Si estás comprometido con crear una experiencia wow, entonces solo la última de estas tres experiencias es un resultado aceptable.

De paso, no tienes que lograr que todas las experiencias de tu vida sean wow. Si todo es wow, muy pronto, nada lo será. Pero debes ser capaz de identificar qué experiencias quieres convertir en wow, y luego tener un proceso —o una tecnología— para crear ese resultado. Llamo a esto «el cómo del wow». Las respuestas a estas cinco preguntas te ayudarán a determinar si tu producto es irresistible:

1. ¿Cuál es el producto o experiencia que quiero crear o transformar en wow?

2. ¿Cómo el cliente o posible cliente se sentirá como resultado de esta experiencia? (En otras palabras, ¿cuál es el resultado específico que quieres crear?)

3. ¿Qué expectativas específicas aporta el cliente típico a esta experiencia?

4. ¿Cómo sería no lograr satisfacer las expectativas del cliente en esta experiencia?

5. ¿Cómo sería superar las expectativas del cliente en esta experiencia?

Estas preguntas pueden usarse individualmente o en un grupo dispuesto a crear una conversación wow.

Para ilustrar, supongamos que nos hemos dado cuenta de que nuestro producto es más que la cosa que producimos. Es la experiencia total del cliente y comienza desde el momento en que este entra al vestíbulo de nuestra empresa. Determinamos que queremos que esta sea una experiencia wow. Esta es una forma en que podríamos aplicar las preguntas:

1. ¿Cuál es el producto o experiencia que quiero crear o transformar en un wow? La experiencia del cliente en el vestíbulo.

2. ¿Cómo el cliente o posible cliente se sentirá como resultado de esta experiencia? (En otras palabras, ¿cuál es el resultado específico que quieres crear?) El cliente debería sentir que somos una empresa extraordinaria porque nunca ha tenido una experiencia de recepción como esta. Supone que somos en realidad diferentes en algún aspecto, y desea experimentar más.

3. ¿Qué expectativas específicas aporta el cliente típico a esta experiencia?

- El vestíbulo debe estar limpio, ordenado y bien iluminado.
- La recepcionista debe ser simpática y profesional.
- La recepcionista llamará a la persona adecuada y le notificará que tiene un visitante.
- Se le pedirá que firme y que se ponga una credencial con su nombre.
- Se podrá sentar mientras espera.
- Esperará entre cinco y diez minutos hasta que lo reciban.
- Habrá algunas revistas, probablemente un poco anticuadas, para hojear.
- La persona que tiene que ver lo irá a buscar al vestíbulo.

4. ¿Cómo sería no lograr satisfacer las expectativas del cliente en esta experiencia?

- El vestíbulo está sucio, desordenado o mal iluminado.
- La recepcionista está distraída, es fría o mal educada.
- La recepcionista interroga al cliente, casi como si le estuviera pidiendo que demuestre que tiene una cita.
- Le dicen (no le piden) que firme y le entregan una etiqueta adhesiva, barata, en la que tiene que escribir su nombre. La etiqueta se despega una y otra vez de su chaqueta.
- No hay ningún lugar donde pueda sentarse o todos los asientos están ocupados. Debe esperar de pie.

- Tiene que esperar más de diez minutos.

- No hay nada para leer o las revistas están muy ajadas y anticuadas.

- Le dicen adónde tiene que ir y tiene que deambular por un
edificio en el que nunca ha estado.

5. ¿Cómo sería superar las expectativas del cliente en esta experiencia?

- El vestíbulo está limpio, ordenado, bien iluminado y es hermoso. Está decorado con objetos interesantes de la historia de
la empresa con pequeños carteles que explican el significado
de cada uno. Hay una fuente con agua que corre y un pequeño
estanque interior que crean un oasis relajante para el ruido
exterior de la calle.

- El título de la recepcionista es directora de primeras impresiones. Entiende la importancia estratégica de su trabajo y se
enorgullece de su papel en la empresa.

- La recepcionista siempre se refiere a los visitantes como *invitados*.
El término *visitante* implica que alguien no pertenece del todo y
que se espera que se vaya pronto. La palabra *invitado* implica que
alguien debe ser honrado con muestras de hospitalidad.

- La recepcionista saluda cálidamente al invitado por su nombre. El invitado se pregunta: *¿Cómo sabía eso?* La recepcionista
le tiende la mano y se presenta. Dice: «Es un placer conocerlo
[o verlo de nuevo]. ¡Qué bueno que haya venido hoy!». O «Es
tan agradable verlo a usted de nuevo. El clima es mucho más
cálido que cuando estuvo por aquí en marzo».

- Luego le entrega una credencial preimpresa. (Si el invitado llegó sin anunciarse, rápidamente imprime una.) Es magnética
en lugar de ser adhesiva o de tener un alfiler. Se adhiere a su
chaqueta sin lastimar la tela. El nombre de pila del invitado
está en letras grandes; su apellido está impreso en letras más
pequeñas debajo de él.

- La recepcionista pregunta al invitado si desea algo para tomar.
«Tenemos agua mineral, gaseosas o café Starbucks recién he-

cho», ofrece. Si el invitado dice: «Café», la recepcionista pregunta cómo le gusta.

- Luego la recepcionista dice: «Si quiere tomar asiento, llamaré a [nombre] y le diré que usted está aquí. Sé que tiene muchas ganas de verlo. Mientras esperamos que baje, le traeré su café».

- El invitado se sienta en un sillón cómodo y nota una selección de los números más recientes de varias revistas populares, así como algunas publicaciones periódicas del sector. Además, hay una pila de uno de nuestros nuevos productos. Una pequeña tarjeta al lado de la pila invita a tomar un ejemplar como gentileza de nuestra parte.

- La recepcionista firma por el invitado, después de que este se ha sentado. Este proceso es completamente invisible para el invitado.

- En un lapso de cinco minutos, la persona con la que el invitado tiene una cita entra al vestíbulo y lo saluda cálidamente. Mientras dejan el vestíbulo, la recepcionista dice: «Fue un placer conocerlo, [nombre]. Espero verlo más tarde».

Este es, por supuesto, solo un ejemplo. Pero creo que ilustra cómo puedes transformar cualquier experiencia (incluso una habitual) en una experiencia wow. Este proceso puede aplicarse realmente a cualquier cosa: unas vacaciones con tu familia, una cita con tu cónyuge, una reunión en la empresa o, sí, incluso la creación de un nuevo producto.

El desafío, por supuesto, está en la ejecución. ¿Cómo hacer que tu visión del wow se convierta en realidad? Esto es lo que separa los grandes productos de los meramente buenos. También es lo que te lleva a construir una poderosa plataforma.

Como dije anteriormente, no tienes que convertir todo en wow. Pero una vez que aprendes la diferencia entre wow y *no*-wow, es difícil estar satisfecho con menos que eso.

CUATRO

Sé consciente de los obstáculos

Hace un tiempo, cuando todavía era el director ejecutivo de Thomas Nelson Publishers, tuve una conversación interesante con uno de nuestros editores. Acababa de terminar la lectura del nuevo manuscrito de uno de nuestros autores más importantes. Le pregunté:

—¿Y qué te pareció?

Dudó.

—¿Honestamente?

—Sí. Quiero la verdad —le aseguré.

—No es fabuloso.

Se me cayó el ánimo al piso. Sabía que habíamos invertido una importante suma de dinero en este libro y estábamos contando con lograr ventas significativas.

—Ok... entonces, ¿qué tiene de malo? —pregunté, sin saber si realmente quería la verdad.

—No... no sé —tartamudeó—. Solo parece lo mismo de siempre. No vi en realidad nada nuevo aquí que no hubiera dicho antes.

—Es un problema —dije, afirmando lo obvio—. Este proyecto es demasiado importante para conformarnos con nada menos que wow.

Tú también tienes una opción en los proyectos y sueños que persigues. Puedes insistir hasta lograr la excelencia o puedes conformarte con algo menor.

En mi experiencia, hay al menos cinco obstáculos para crear este tipo de experiencias:

1. **Simplemente nos quedamos sin tiempo.** Las fechas de entrega se avecinan. Estamos luchando por sacar el producto a la calle. O tenemos que dar un cierre al servicio para que podamos pasar al siguiente cliente antes de que comience a quejarse. Simplemente no tenemos tiempo para poner en el trabajo nuestro mejor esfuerzo, así que lo dejamos en la mitad de la cocción. Antes de que esté totalmente hecho.

2. **No tenemos suficientes recursos.** Nos gustaría hacer un trabajo mejor. Sinceramente queremos alcanzar el siguiente nivel. Pero no tenemos el dinero o el personal. Nos justificamos diciendo: «Hice lo mejor que pude con los recursos que tenía». Y, una vez más, lo dejamos salir y volcamos nuestra atención al siguiente proyecto o cliente que están en la fila.

3. **No tenemos suficiente experiencia.** No sabemos cómo hacer lo que sabemos que hay que hacer. Nuestra visión excede nuestro conocimiento. Sabemos qué podría brindar el producto o el servicio, pero no tenemos el conocimiento, la habilidad o la experiencia para llegar ahí. De modo que nos conformamos con algo inferior a lo que nuestra visión requiere.

4. **Con mucha frecuencia cedemos al comité.** Tal vez estamos un poco inseguros de nosotros mismos. «Parece que a todos los demás le gusta, nos decimos. Quizás tengan razón. Hay mucha gente inteligente en esta sala. ¡Vamos, déjalo salir!». Y eso hacemos. Abandonamos nuestra visión de lo que podría ser y sucumbimos al juicio colectivo del grupo.

5. **Pero el mayor obstáculo de todos es el miedo.** De hecho, este es el principal obstáculo. Si somos honestos, debemos admitir que los primeros cuatro ítems son solo excusas. Si tuviéramos suficiente coraje, encontraríamos el tiempo, los recursos o la experiencia. Enfrentaríamos al comité. No nos conformaríamos con algo inferior a wow.

Pero ¿a qué le tenemos miedo? Tal vez tenemos miedo de perder el trabajo, el cliente o nuestra influencia. A lo mejor, no queremos que piensen que somos poco razonables o exigentes. Tenemos miedo de lo que podrían decir los otros a nuestras espaldas. En realidad, queremos gustarle a la gente.

Si vamos a crear experiencias wow, debemos volvernos valientes. Este es un puente personal, psicológico que tenemos que cruzar. Lo que queremos crear —la experiencia wow— está del otro lado de la quebrada. No hay otra forma de llegar hasta ahí.

CINCO

No te conformes con menos que excelente

Cinco años después de casarnos, Gail y yo fuimos a Maui a celebrar nuestro aniversario. El segundo día, tomamos clases de buceo de superficie. Comenzamos en una piscina, luego avanzamos al arrecife de coral cerca de nuestro hotel. Nos encantó. Era como nadar en una enorme pecera.

Más tarde ese mismo día, alquilamos equipo de buceo de superficie y decidimos que nos aventuraríamos por nuestra cuenta. Habíamos descubierto un nuevo deporte que podíamos hacer juntos.

La mañana siguiente, nos dirigimos a la playa. No había ni un alma. Era como una escena de *La laguna azul*: prístina, tranquila y asombrosa. No podíamos esperar para entrar en el agua.

Mientras avanzábamos con la cabeza bajo el agua, nos hipnotizaba la vida acuática que abundaba a unos centímetros de nosotros. Vimos peces de colores brillantes, plantas que se deslizaban suavemente y, por supuesto, el arrecife de coral, lleno de actividad. Fue una verdadera experiencia wow.

En un punto, decidí sacar la cabeza del agua y mirar alrededor. Me quedé sin aliento. Atrapados en una corriente, nos hallábamos casi dos kilómetros mar adentro. La costa parecía sumamente lejana. Nuestro hotel —todos los hoteles— parecían juguetes a la distancia.

Inmediatamente, le grité a Gail que, por suerte, estaba a solo unos metros de distancia. Miró hacia arriba, vio nuestro problema y luego me miró casi en pánico. «Ay, Dios mío. ¿Qué vamos a hacer?».

Afortunadamente, teníamos una pequeña tabla, en la que planeábamos colocar conchas y otros ítems que esperábamos encontrar en el fondo del mar. Nos aferramos a ella y comenzamos a patalear para sobrevivir, literalmente.

Nadamos más de una hora. Finalmente, cuando estábamos cerca de la costa, hicimos pie en el agua. Caminamos con dificultad hasta la playa y colapsamos en la arena. Estábamos totalmente extenuados. Nos dimos cuenta de lo cerca que estuvimos del desastre. Este no era el resultado que pretendíamos cuando inocentemente nos deslizamos en el agua esa mañana.

Gran parte de la vida es similar a esta experiencia. Comienzas con una cosa en mente y luego, sin pretender conscientemente hacerlo, terminas en un lugar totalmente diferente. Es el poder de *la deriva*.

Ahora piensa en la deriva en el contexto de crear un producto, un servicio o una causa.

Si has trabajado en el mundo empresarial, has asistido a esa primera gran reunión sobre la Visión. Alguien tiene el sueño de un producto apasionante e irresistible. Así es como nacen muchos productos wow. La gente está energizada. El grifo creativo se abre. Las ideas fluyen. La sala está viva, llena de posibilidades.

Pero luego vamos a la segunda reunión. Algunas personas informan sobre las tareas que les asignaron. Quizás compartan un bosquejo, una propuesta o un demo. No está mal; de hecho, está bastante bien. Pero no se adecua del todo a nuestras expectativas. Falta algo.

Todos son corteses. Algunos hacen sugerencias. Pero en algún lugar dentro de ti te das cuenta de que el sueño ha recibido un golpe. No ha muerto, por supuesto. Pero se ha visto reducido... calibrado a la realidad de las fechas de entrega, los presupuestos y los recursos limitados.

Un proceso similar puede sucederles a los individuos que se disponen a crear algo, sea un libro, un disco o incluso una rutina de comedia. Es fácil «conformarse».

En este mismo momento, enfrentas una decisión. ¿Defenderás la visión original o te verás arrastrado —al igual que todos los demás en el salón— por el mar, a la deriva, siguiendo la corriente, sin conciencia de lo que está sucediendo?

Estas son seis formas de encontrar el valor que necesitas para lograr el «wow».

1. **Defiende la excelencia.** Como muchas cosas importantes en la vida, crear una experiencia wow comienza con comprometerse. Debes resolver en tu corazón que no te venderás ni te conformarás. No es necesario que lo hagas en todos los proyectos, por supuesto. Pero cuando decidas que el sueño lo merece, tienes que resistir y jugarte hasta el fin.

2. **Conéctate con la visión original.** El rey Salomón dijo una vez: «Sin profecía, el pueblo se desenfrena».[1] Esto es cierto también para el wow. Antes de existir, es solo una idea. El único lugar donde existe es dentro de tu cabeza. A veces solo tienes que cerrar los ojos y una vez más estar presente en aquello que estás tratando de crear.

3. **Acuérdate de lo que está en juego.** He descubierto que la mejor manera de hacer esto es preguntar: «¿Por qué es tan importante?». Cuando estaba escribiendo mi primer libro, tenía una lista de siete motivos por los que necesitaba escribir el libro. La repasaba todas las mañana antes de comenzar la tarea. Eso le dio al proyecto un significado casi épico, pero me mantuvo en movimiento cuando quise abandonar.

4. **Escucha a tu corazón.** La mayoría de nosotros ha pasado toda la vida ignorando, o incluso reprimiendo, la intuición. No sé si esto es producto del racionalismo moderno o del pragmatismo estadounidense. No importa, creo que la intuición es el mapa del tesoro enterrado. No es infalible, pero tampoco lo es nuestra razón. Y puede señalarnos la dirección correcta. Tenemos que prestar atención a esta voz interior.

5. **Alza la voz.** Este es el paso crucial. Debes dar voz a tu corazón y salir a hablar en defensa de tus ideas wow. Si no lo haces, ¿quién lo hará? Puede ser la última oportunidad de que el sueño original se mantenga con vida. Esta es la razón por la que no puedes darte el lujo de quedarte callado.

6. **Sé perseverante.** Esta es quizás la parte más difícil. Todos queremos gustar a los demás. No queremos ser difíciles o poco razonables. Pero piensa en tu historia. ¿Acaso las personas que más respetas no son las que te exigieron más? Tal vez no lo hayas valorado en ese momento,

pero al mirar atrás, su terca negativa a conformarse es lo que marcó la diferencia.

La verdad es que la mediocridad es natural. No tienes que hacer nada para llegar allí yendo a la deriva. Simplemente sucede. Pero si quieres crear experiencias verdaderamente wow —y si quieres construir tu plataforma— entonces, eso va a requerir valor. ¿Estás dispuesto a ser valiente?

SEIS

Da a tu producto un nombre memorable

Tarde o temprano, tendrás que dar un nombre a tu producto o servicio de excelencia que ayude a conectarlo con el cliente potencial. Este es el caso también del nombre del blog. El nombre de tu mascota para tu producto debe ser eliminado sin compasión. Porque la forma en que tú lo llames es más que un título: es tu principal herramienta de mercadeo.

Igor, una empresa de nombres y marcas, ha titulado todo desde TruTV [TV Verdadera] al teléfono Evolve [Evoluciona] de Nokia. Conocen el secreto para conectarse exitosamente con los clientes. En un comentario acerca del eslogan de la sección Personals de Yahoo!,[1] «Believe» [Cree], la gente de Igor dijo:

> «Believe» es un ejemplo perfecto de cómo alcanzar el éxito de la marca: Compromiso. Un eslogan menos inteligente podría haber sido «Encuentra a esa persona especial con la que siempre soñaste», pero ese enfoque sería mucho menos eficaz porque:

- Es exactamente lo que la gente esperaría oír y pasaría a través de él como si fuera ruido blanco.

- Define estrechamente la sección Personals de Yahoo! como una mera oferta de servicio.

- Dice a la audiencia cómo pensar al respecto, sin dejar lugar para el misterio.

«Believe» es un eslogan ganador porque:

- Hace que la gente se detenga y se pregunte: «¿Creer en qué?», y llene activamente los blancos y personalice la conexión, que es la forma más eficaz de compromiso.

- Eleva la marca Personals de Yahoo! por encima de los bienes y servicios que ofrece y aprovecha una filosofía de aspiración positiva.[2]

Igor dice que esta estrategia también es demostrada por eslóganes como: «Just Do It» [Simplemente hazlo], de Nike, «Think Different» [Piensa diferente], de Apple, «We're in the American Dream Business» [Estamos en el negocio del sueño americano], de Fannie Mae o «It's a Great Time to Be Alive» [Es un gran momento para estar vivo], de Guidant.[3]

Imaginar nombres irresistibles para productos, servicios, blogs y titulares de blogs es un trabajo arduo y que consume tiempo. Sin embargo, nada en el *mix* del mercadeo es más importante que un título fuerte. Es como el titular de un diario: si los potenciales lectores están intrigados, siguen leyendo. Si no, pasan a la siguiente cosa que atraiga su atención.

Sobre la base de la investigación que hicimos mientras estaba en Thomas Nelson Publishers, sé que la forma en que nombres a tu producto (en nuestro caso, libros) es una de las cosas más importantes que debes hacer. Los consumidores miran primero el título del libro, luego la tapa, la contratapa y las solapas. Para completar la lista está el índice, los primeros párrafos del libro y el precio.

El componente más importante de todo lo que ofreces es el título.

Entonces, ¿qué se necesita para crear títulos que hagan de tu producto un *best seller*, provoquen visitas a un blog o generen interés en tu servicio?

Los grandes títulos son PINC (que se pronuncia «pink» [rosa]). Realizan al menos una de las siguientes cosas: hacen una *promesa*, crean *intriga*, identifican una *necesidad* o simplemente enuncian un *contenido*. Déjame darte algunos ejemplos.

P: Títulos que hacen una promesa. Por ejemplo:

- *The 4-Hour Body: An Uncommon Guide to Rapid Fat-Loss, Incredible Sex, and Becoming Superhuman* [El cuerpo de 4 horas: Una guía poco común para una rápida pérdida de peso, increíble sexo y convertirse en sobrehumano] (libro)

- *POWER 90: Tony Horton's Total Body Transformation 90 Day Boot Camp Workout* [Poder 90: Los ejercicios del campamento de 90 días de Tony Horton para una transformación total del cuerpo] (DVD)

- La caja de piedritas sanitarias autolimpiante (para gatos) de Omega Paw

I: Títulos que crean intriga. Por ejemplo:

- *Steve Jobs: One Last Thing* [Steve Jobs: Una última cosa] (película)

- *El cielo es real: la asombrosa historia de un niño pequeño de su viaje al cielo de ida y vuelta* (libro)

- Euphoria, de Calvin Klein, perfume en atomizador (perfume)

N: Títulos que identifican una necesidad. Por ejemplo:

- El localizador de niños *Mommy I'm Here* [Mamá, estoy aquí] (pulsera GPS inalámbrica para niños)

- *True Calm Amino Relaxer* [Calma Verdadera, aminorrelajante], de New Foods (suplemento)

- *Fearless: Imagine Your Life Without Fear* [Intrépido: imagina tu vida sin miedo] (libro)

C: Títulos que simplemente enuncian el contenido. Por ejemplo:

- College Hunks Hauling Junk [Forzudos universitarios recolectan basura] (servicio)

- *Autobiography of Mark Twain, Vol. 1* [Autobiografía de Mark Twain] (libro)

- Joe's Plumbing, Heating, and Air Conditioning, LLC [Plomería, Calefacción y Aire acondicionado de Joe, SRL] (servicio)

Algunos de estos títulos emplean más de una estrategia. Por ejemplo, *The 4-Hour Body* hace una promesa, pero también crea intriga: ¿cómo podrías volver a crear tu cuerpo en cuatro horas?[4]

Y tengo que admitir que muchos libros y otros productos rompen con estas reglas por completo y tienen éxito. Recuerdo cuando traté de crear un título para *Tal como el jazz*, de Donald Miller. Nuestro comité estaba convencido de que el título del autor nunca iba a funcionar. Creíamos que nadie tendría idea de qué significaba.

Pero Don fue obstinado y no dio el brazo a torcer. Finalmente consentimos. ¡Y lo único que hizo fue funcionar! El libro vendió más de 1.3 millones de ejemplares hasta el momento en que escribo esto y sigue vendiendo decenas de miles de ejemplares por año.

A propósito, uno de los mejores libros que podrían leer quienes escriben un blog es *Advertising Headlines That Make You Rich* [Titulares de publicidad que te harán rico], de David Garfinkel.[5] Es básicamente un catálogo de plantillas de titulares que han demostrado ser eficaces para vender todo tipo de productos.

La conclusión es que el título adecuado para tu producto, servicio, sitio web o blog puede hacerte o puede romperte. Vale la pena invertir el tiempo necesario para hacerlo bien.

SIETE

Presenta el wow con estilo

Si bien la gente no debería juzgar a un libro o cualquier otro producto por su tapa, lo hace. Esta es la razón por la que es vital que inviertas tiempo y dinero en conseguir la presentación adecuada para tu producto. No importa si es un juguete para perros, una línea de ropa, un libro o un disco. La gente nunca llegará a experimentar su maravilla a menos que la presentación los lleve a tomarlo y explorarlo.

Esto es particularmente importante en el mundo de hoy. Como hemos mencionado, nunca ha habido tanta competencia. El mercado está cada vez más atiborrado... y ruidoso. Necesitas toda la ventaja que puedas reunir. La presentación es un componente clave en el proceso de venta. Aquí es donde la guerra por la mente del consumidor se suele ganar o perder.

No soy diseñador, pero he trabajado con cientos de ellos a lo largo de mi carrera. He sido responsable de contratarlos, evaluar su trabajo y elegir los diseños que pensaba que funcionarían. Junto con algunos éxitos tremendos, he tenido algunos fracasos abismales. He aprendido de ambos.

Con esta perspectiva, aquí hay diez sugerencias para desarrollar presentaciones asombrosas y así aumentar tus posibilidades de tener éxito en las ventas:

1. Conoce a tu público. Hace un tiempo, tuve que hablar a un grupo de estudiantes universitarios. Contraté a una empresa de diseño para preparar mis diapositivas. Cuando las recibí, no me preocupé por el diseño. Luego las mostré a mis dos hijas que tenían la edad de mi público. Les encantaron, y las diapositivas tuvieron un gran éxito con mi audiencia. El punto es que no se trata de ti. Se trata de tu público. ¿Qué considerarían *ellos* irresistible?

2. **Considera tu marca.** Si bien el público es importante, también lo es tu marca. Tienes que lograr un equilibrio entre llegar a tu audiencia y representar quién eres... o quieres llegar a ser. Esto significa prestar mucha atención a las fuentes, los colores e incluso las texturas y materiales. Todo eso comunica sutiles mensajes sobre tu marca.

3. **Revisa las listas de superventas.** Vale la pena echar un vistazo a lo que mejor se vende en tu categoría de producto. ¿Qué tendencias actuales de diseño ves? ¿Qué te parece que está funcionando? Repasa los cien productos principales y toma nota. Por ejemplo, cuando escribí este libro, revisé los principales libros de negocios y tomé abundantes notas. Esto expandió mis horizontes de diseño y estimuló mi pensamiento.

4. **Haz la inversión necesaria.** No tendrás una segunda oportunidad de dar una primera impresión. Si la presentación de tu producto se ve barata, pasada de moda o confusa, tus posibles clientes supondrán que tu producto en realidad es (¡sorpresa!) barato, pasado de moda o confuso. Por lo tanto, tienes que invertir en el mejor diseñador que puedas pagar. No trates de hacerlo por tu cuenta para ahorrar dinero (a menos que seas diseñador). Recuerda, no hay nada más caro que un diseño barato que no funciona.

5. **No des demasiada dirección... al menos al principio.** No limites la imaginación de tus diseñadores. Si lo haces, no obtendrás su mejor trabajo. En cambio, descríbeles tu producto y tu público. Luego, sal del camino y ve qué se les ocurre.

6. **Insiste en varios esbozos generales.** Diles a los diseñadores desde el principio que querrás ver varios esbozos generales. Quieres poder elegir entre varias alternativas. Suele pasarme que me gusta la tipografía en una versión, la ilustración en otra y la selección de color en una tercera. Si tu diseñador y tú se limitan a una única opción, verás que a menudo te estancas y tienes problemas para avanzar sin fricciones.

7. Ten cuidado con las metáforas de diseño. Con esto quiero decir la ilustración o la foto que uses para representar tu mensaje o tu historia. Por ejemplo, en mi escritorio en este momento hay libros con ilustraciones de tapa de una silla, un juego de ajedrez, una bombilla de luz, un atardecer y la trompa de un elefante. Algunos de estos son perfectos. Otros hacen que me rasque la cabeza. Si usas una metáfora de diseño, asegúrate de que la conexión con el producto sea obvia. Piensa en todos los mensajes que transmite.

8. No dejes que el diseño se interponga en el camino. Mis diseños favoritos son los simples y elegantes. Son como el ritmo de la batería en una gran canción. Lo extrañarías si no estuviera allí, pero apenas lo notas cuando está. O para decirlo de otro modo, el diseño no compite con el mensaje para atraer la atención; por el contrario facilita su comprensión. Sé muy precavido con los diseños que requieren una explicación para que «se entiendan». Tus posibles clientes no tendrán el beneficio de alguien a su lado en la tienda o en línea para explicarles lo que significa.

9. Evalúa la presentación en contexto. Una vez que estés cerca de un diseño final, tienes que evaluarlo en los distintos ambientes de comercialización en los que aparecerá el producto. Por ejemplo, ¿el producto será exhibido en un estante con ítems similares? ¿El tipo de letra es legible desde un metro y medio de distancia? ¿Y desde tres metros? ¿Qué pasa con el contexto en línea? ¿Cómo se verá cuando se reduzca a 260 pixeles en el sitio en línea de un minorista? No te cases con ningún diseño hasta que hayas visto el producto en los ambientes adecuados.

10. Pregunta a tus fanáticos. Si ya tienes un blog, o seguidores de Twitter o de Facebook, puedes probar varias opciones de diseño con tus mejores candidatos: aquellos que ya quieren oír lo que tienes que decir. Puedes usar un servicio como SurveyMonkey[1] para mostrar opciones de tapa y luego hacer que tus fanáticos voten. Así es exactamente como este libro terminó con el diseño de tapa que tiene. Puse esta tapa, y varias opciones fuertes más, en SurveyMonkey y creé una entrada de blog para que la gente votara directamente desde allí. ¿Quién mejor para preguntar que la gente que ya está comprometida con tu mensaje?

También es útil si pueden hacer comentarios, porque ofrecerán otras opciones o verán cosas que quizás se te hayan pasado. ¡Esto es *crowdsourcing* [encargar tareas que anteriormente realizaba un empleado o colaborador a un grupo externo de personas] en su mejor expresión!

No subestimes la importancia de un gran diseño. Cuando se trata de vender tu producto, puede hacerte o romperte.

=====

Estás a punto de graduarte de este breve curso sobre crear, nombrar y presentar un producto wow. Sinceramente espero haberte convencido de que este primer elemento en la fórmula del éxito es absolutamente obligatorio. Un producto irresistible *más* una plataforma significativa *es igual* a un gran éxito para ti.

PARTE DOS

PREPÁRATE PARA DESPEGAR

OCHO

Acepta la responsabilidad personal

La empresaria de mercadeo Yolanda Allen cuenta una historia divertida en un artículo en BetterNetworker.com. Parece que su hija, Makaila, decidió hacer sola papas fritas para cenar una noche. «No le gusta que nadie coma su comida —escribió Yolanda—, especialmente si la está cocinando ella». La historia continúa:

> Entonces me pidió que le hiciera saber si alguien comenzaba a comer las papas fritas que estaba cocinando, porque tenía que ir a hacer algo. Yo estaba escuchando un seminario en la web y tomando notas.
>
> Ahora debo decirles que una de las razones por las que me retiré de la Fuerza Aérea es que quería estar disponible para mis hijos. Pero mi hija piensa que debo estar a su completa disposición TODO EL TIEMPO.
>
> Había tenido un día muy ocupado, lleno de interrupciones ya, de modo que estaba un «poco» molesta cuando me pidió que le cuidara las papas fritas. Respondí, probablemente con un gesto de disgusto con un «Makaila, NO soy la niñera de tus papas fritas». Deberían haber visto su cara. Se quedó sin palabras, y a Makaila le encanta hablar... mucho».[1]

Yolanda siguió con una pregunta para sus lectores: ¿están asumiendo la responsabilidad de dirigir su empresa... o están pidiendo a alguien que sea la niñera de su empresa?

Makaila es en cierta forma como muchos de nosotros. Tenemos el producto wow —las papas fritas—, pero no queremos toda la responsabilidad que implica. Déjame hacerte una pregunta: ¿estás preparado para asumir la responsabilidad personal total de la construcción de tu plataforma, o estás pensando en contratar una niñera? Si la respuesta es un tambaleante «supongo que lo haré», entonces, pregúntate por qué.

¿Tienes miedo porque no sabes lo que estás haciendo? Déjame asegurarte que no estás solo. Puede parecer una tarea desalentadora y compleja. Esta sección te dará el martillo y los clavos que necesitarás tener a mano antes de comenzar a construir tu plataforma.

He hablado con muchas personas que están apenas comenzando y creen que pueden derivar la responsabilidad a alguien contratado que sepa más de mercadeo que ellas. *Alguien con experiencia*, piensan. *¡Sí, eso es lo que necesito!*

Pero puedo asegurarte que esto no es algo que puedas darte el lujo de dejar en manos de otros. Debes asumir la responsabilidad tú mismo. Hay cuatro razones fundamentales por las que esto es necesario:

1. **Nadie conoce tu producto mejor que tú.** Aunque tengas la suficiente fortuna de tener una empresa que comercializa tus productos o puedes contratar a una empresa de mercadeo, nunca tendrán el conocimiento detallado de tu producto o servicio que tienes tú.

2. **Nadie está más apasionado con tu producto que tú.** ¿Realmente crees que alguien podría ocuparse de tu oferta más que tú? Lo dudo. Te llevó meses, quizás años, desarrollarlo. Seguiste adelante cuando una vocecita en tu cabeza te decía que estabas loco. Soportaste una serie de rechazos. Pero seguiste adelante. ¿Por qué? *Amor.* Estabas apasionado con tu producto o servicio o mensaje. Solo tenías que compartirlo con el mundo.

3. **Nadie tiene más en juego que tú.** Si tu oferta fracasa, el empleado de la empresa de mercadeo que maneja tu cuenta pasará al siguiente proyecto. La compañía que distribuye tu producto llenará ese segmento con otra cosa. La agencia de oradores hallará otra persona que hable del mismo tema que tú. No es que no les importe; es solo que sus apuestas están divididas en un portafolio de proyectos. No es tu caso. Tu fortuna sube o baja de acuerdo con el éxito de tu actual proyecto.

Si tiene éxito, cosechas la mayor parte de las recompensas. Si fracasa, sufres las consecuencias. Tu carrera está en juego.

4. **Es probable que nadie lo haga si no lo haces tú.** Ojalá esto no fuera así, pero para el 95% de nosotros lo es.

Esta es la razón por la que debes tomar estas cuestiones en tus propias manos. No dejes que nadie te cuide las papas fritas. Permíteme sugerirte que te eches una larga mirada en el espejo. La persona que estás observando es tu nuevo gerente de mercadeo. Asume la responsabilidad de tu éxito e invita a los otros a unirse a ti en el esfuerzo.

Piensa en grande... ¡No, *más grande*!

Mientras estás preparando el lanzamiento, considera tu actitud mental. Si vas a ser el gerente de mercadeo de tu producto wow, debes pensar más grande que nunca antes. En mi blog escribí una vez sobre cómo la mentalidad de los creativos exitosos —autores, oradores, músicos, etc.— difiere de la de los menos exitosos. Puse *pensar en grande* como la característica número uno. Varios de mis lectores comentaron que luchaban con esto.

Realmente comprendo por qué. Cuando somos chicos, los padres y los maestros nos dicen que podemos hacer cualquier cosa y convertirnos en aquello que queremos. Pero a medida que crecemos, estas mismas personas nos dicen que debemos ser más realistas.

Muy pronto, sus voces colectivas se convierten en nuestros negativistas internos. No bien tenemos una idea grande, nos controlamos: *Vamos. Pon los pies en la tierra. Esto no va a pasar nunca. Tienes que ser más realista.* Y así seguimos. Confundimos esto con sabiduría.

Esta era la mentalidad que tenía hasta que encontré *La magia de pensar a lo grande*, de David Schwartz.[1] Este libro se publicó originalmente en 1959. Lo leí por primera vez a fines de la década de 1980. Cambió para siempre mi enfoque de la vida y el trabajo.

Desde ese momento, me he convencido de que pensar en grande no es un don, sino una habilidad, que cualquiera pueda desarrollar. Comienza por la comprensión del proceso y luego por la práctica consistente. Si vas a construir una plataforma exitosa, necesitas también esta habilidad.

Estos son los siete pasos para pensar en grande:

1. **Imagina las posibilidades.** Date permiso para soñar. Recuerdo haber hecho esto cuando estaba escribiendo mi primer libro. Imaginaba cómo sería ser un autor de *best sellers*. Pensaba cómo sería ver mi libro en la lista de *best sellers* del *New York Times*.

2. **Escribe tu sueño.** Esta es la acción que transforma un sueño en una meta. Suceden cosas maravillosas cuando te comprometes a algo por escrito. No comprendo del todo cómo funciona, pero lo he experimentado una y otra vez. El fenómeno se explica en un libro muy atractivo de Henriette Anne Klauser llamado *Escríbelo y haz que se cumpla*.[2] Usaba el ejemplo de Lou Holtz.

   De joven, en 1966, Holtz escribió sus metas personales y profesionales una noche. Parecían imposibles. Estaba quebrado y desempleado, y su esposa estaba a punto de tener su tercer hijo. Klauser decía:

   > Su lista incluía cenar en la Casa Blanca, aparecer en *The Tonight Show*, conocer al papa, convertirme en el entrenador en jefe de Notre Dame, ganar un campeonato nacional, ser el entrenador del año, aterrizar en un portaviones, hacer un hoyo en uno y saltar de un avión...
   >
   > Si visitas el sitio web del entrenador Lou Holtz, junto con la lista, verás fotos: fotos de Holtz con el papa, con el presidente Reagan en la Casa Blanca, bromeando con Johnny Carson. Además, una descripción de cómo fue saltar de un avión y hacer no uno sino dos hoyos en uno.[3]

   Hasta la fecha ha logrado 102 de sus 107 metas originales.

3. **Conéctate con lo que está en juego.** Esto significa tu motivación. Lamentablemente, es un paso crucial que la gente suele omitir. Antes de que puedas encontrar tu camino, debes descubrir tu *porqué*. ¿Por qué esta meta es importante para ti? ¿Qué posibilitará el lograrla? ¿Qué está en juego si no la logras? ¿Qué tendrás que dejar de lado para poder alcanzarla? Tu motivación te brinda el poder intelectual y emocional para seguir cuando el camino se vuelve difícil. (Y se volverá.)

4. **Esboza qué tendría que ser cierto.** En lugar de preguntarme meramente cómo llegar de donde estoy a donde quiero ir (estrategias), me gusta

preguntarme qué tendría que ser verdad para que mi sueño se convirtiera en realidad. Por ejemplo, cuando me fijo la meta de entrar en la lista de *best sellers*, me doy cuenta de que tendría que escribir un libro interesante, convertirme en su principal vocero, conseguir exposición en los medios, etc. Comencé con el sueño y trabajé hacia atrás.

5. **Decide qué puedes hacer para afectar el resultado.** Aquí es donde pasas de la imagen general a las acciones diarias. Aquí es donde la gente, a menudo, se descarrila. No pueden ver todos los pasos que los llevarán a su meta. Por eso, en lugar de hacer algo, no hacen nada. *Nunca verás el camino completo.* Lo importante es dar el siguiente paso correcto. ¿Qué puedes hacer hoy para avanzar hacia tu sueño?

6. **Determina cuándo ocurrirá.** Alguien dijo una vez que una meta es simplemente un sueño con un plazo. Este plazo es una forma de hacer el sueño más concreto, que es exactamente de lo que se trata pensar en grande. Un plazo crea también una sensación de urgencia que te motivará a pasar a la acción. Oblígate a asignar una fecha de este tipo a cada meta. (Si estás estancado, pregúntate: *¿Qué es lo peor que podría suceder si no logro esto?*)

7. **Revisa tus metas a diario.** Cuando estaba escribiendo mi primer libro, repasaba mis metas a diario; rezaba por ellas. Determinaba lo que tenía que hacer ese día para convertirlas en una realidad. Me dio una concentración profunda, especialmente cuando el sueño parecía imposible: cuando la editorial llamó para cancelar el contrato, cuando mi publicista me dijo que nadie estaba interesado en el libro, cuando la editorial se quedó sin ejemplares justo después de que el libro alcanzara la lista de *best sellers*. (Todo esto sucedió, por otra parte.)

No escuches a esa vocecita burlona que te dice que seas más realista. Ignórala. Tú puedes o aceptar la realidad como es o crearla como deseas que sea. Esta es la esencia de los sueños... y la de pensar en grande.

Define las metas de tu plataforma

Cuando piensas en construir una plataforma poderosa, ¿cómo se ve? ¿Puedes describirla en detalle? Una de las cosas más importantes que puedes hacer para asegurarte de despegar bien es sacar tus planes de la cabeza y ponerlos en un papel.

Durante años he escrito mis metas en un anotador amarillo de tamaño oficio, en cuadernos de tapas negras, en *software* especial para fijar metas y ahora en una aplicación digital llamada Evernote. Estas son solo algunas de las metas que he anotado a lo largo de cuatro décadas.

- Casarme con una mujer fuerte y cariñosa a la que le apasione la hospitalidad.
- Ganar cien mil dólares al año haciendo algo que me encante.
- Perder quince kilos y completar una media maratón.
- Escribir un libro que sea *best seller* del *New York Times*.
- Convertirme en el director ejecutivo de Thomas Nelson Publishers.

Por supuesto, la mayoría de las personas no se molesta en escribir sus metas. En cambio, van a la deriva, sin objetivos, preguntándose por qué su vida carece de propósito y significado. No estoy diciendo que comprometerse con las metas por escrito es el final. No lo es. Pero es el comienzo.

Aquí hay cinco razones por las que deberías poner las metas de tu plataforma por escrito:

1. **Porque te obligará a aclarar lo que quieres.** Dave Ramsey, el autor de *La transformación total de su dinero*, ayuda a la gente que quiere salir de sus deudas y aclarar sus metas. Todo saldo de la tarjeta de crédito, todo préstamo por el auto, todo dólar que se gasta —todo— debe anotarse y monitorearse constantemente. ¿Por qué? Los obliga a estar seguros de sus metas. Ramsey lo llama «intensidad de gacela».

   Se le ocurrió el término viendo un programa sobre cómo los guepardos acechan las gacelas. Si bien el guepardo es el animal más rápido de la tierra, solo atrapa una gacela cada diecinueve intentos. «En nuestra oficina —dice—, los consejeros pueden predecir quién saldrá de deudas basado en la intensidad de gacela que tengan».[1] Anotar las metas de tu plataforma puede ayudarte a aclarar cuáles son y de este modo puedes obtener la «intensidad de gacela» para alcanzarlas.

2. **Porque te motivará a pasar a la acción.** Poner las metas de tu plataforma por escrito es solo el comienzo. Debes accionar respecto de tus metas. Tienes que pasar a la acción. He descubierto que escribir mis metas y revisarlas regularmente me lleva a realizar la acción más importante que viene después.

3. **Porque servirá como filtro para otras oportunidades.** Cuanto más exitoso seas, más te verás inundado de oportunidades. De hecho, estas nuevas oportunidades pueden convertirse rápidamente en distracciones que te saquen de tu camino. El único antídoto que conozco es mantener una lista de metas por escrito y evaluar estas nuevas posibilidades a la luz de ellas.

4. **Porque te ayudará a superar la resistencia.** Toda intención significativa encuentra resistencia. Desde el momento en que te fijas una meta, comenzarás a sentirla. Pero si te concentras en la resistencia, solo se volverá más fuerte. La única forma que he descubierto para superar esto es concentrarme en la meta. El libro de Steven Pressfield *Do the Work* es una lectura obligatoria sobre este tema.[2]

5. **Porque te permitirá ver —y celebrar— tu progreso.** La vida es difícil cuando no estás viendo progresos. Sientes como que no vas a ninguna parte. Pero las metas escritas son como los carteles que marcan los kilómetros en una autopista. Te permiten ver cuán lejos has llegado y

cuánto te queda por andar. También te brindan una oportunidad de celebrar cuando lo logras.

Escribir las metas de tu plataforma no te lleva mucho tiempo. No pienses demasiado el proceso. Solo pon algo en el papel y ajústalo a medida que avanzas. Creo que descubrirás que los beneficios bien valen el esfuerzo.

Crea un «discurso de ascensor»

Parte de un lanzamiento exitoso es estar preparado para presentar tu idea —tu producto, tu servicio o tu causa— sucintamente. Para eso, tienes que crear un «discurso de ascensor». Este es un breve resumen de lo que ofrece el producto, incluyendo el mercado al que apunta (la gente que más probablemente se convierta en tu cliente) y tu propuesta de valor (qué tienes para ofrecer a esos clientes).

El nombre viene de la idea de que deberías poder brindar una breve e irresistible descripción de lo que ofreces, en el tiempo que tarda un ascensor en subir unos pisos: aproximadamente entre treinta segundos y dos minutos.

Si bien en los últimos años este tipo de presentación era importante, se ha vuelto fundamental para que te vaya bien en línea, donde tienes incluso menos tiempo para atrapar la atención de un cliente potencial que el que tendrías en un ascensor real. La capacidad de atención concentrada de la mayoría de la gente —la que es una respuesta de corto plazo a un estímulo— es muy breve, con un máximo, sin ningún bache, de solo ocho segundos.[1]

Si no tienes una presentación apasionante y concisa para realizar en un ascensor, no lograrás conectarte con tus clientes potenciales y terminarás perdiendo negocios. ¿Por qué dañar tus metas de construcción de plataforma antes siquiera de comenzar?

Aileen Pincus, presidente del Pincus Group, una empresa de entrenamiento para ejecutivos, oye muchas presentaciones de este tipo. Hace unos años, en una conferencia, una joven empresaria se acercó a Pincus, se presentó y presentó sus servicios de construcción en la web. «Estaba entusiasmada y tenía seguridad —dice Pincus—, pero después de unos minutos de escuchar sobre sus precios competitivos, su creatividad y algunos de sus clientes, dije: "Bueno, oigo mucho sobre servicios de diseño, y es difícil distinguir las verdaderas diferencias entre ellos. ¿Qué piensas que realmente hace que tu trabajo sea diferente para alguien como yo en la industria de servicios?"».

La pregunta tomó a la joven por sorpresa. «Admitió que no tenía una respuesta. Una respuesta honesta, pero no una primera impresión que logre su meta de conseguir una segunda entrevista».[2]

La gente con plataformas exitosas a menudo pasan horas puliendo y practicando estas presentaciones. Hay mucho en juego. Si tienen éxito y conectan con un cliente potencial, logran una oportunidad de dar el siguiente paso, ya sea una venta potencial del producto, una reserva para su seminario o tiempo para transmitir su mensaje. Si no, dan por terminada una relación, como en el caso de la joven que se encontró con Aileen Pincus.

¿Por qué necesitas un discurso de ascensor? Estas son mis tres razones principales:

1. **Te obliga a tener claridad.** Como exeditor de libros, no puedo decir con cuántos autores he hablado en los últimos años que no podían resumir de qué se trataba su libro. Deberían haber logrado claridad al respecto antes de comenzar a escribir. Simplemente tienes que ser capaz de enunciar sucintamente qué hace tu producto, qué brinda tu servicio o qué enseña tu seminario. Si no, escucharás muchos «noes». Es también la razón por la que debes esforzarte en lograr un discurso de ascensor claro antes que cualquier otra cosa.

2. **Te ayuda a comprender la perspectiva de tu cliente.** Si vas a conectarte con tus clientes potenciales, debes ver tu oferta desde su perspectiva. Más aun, debes comprender sus problemas, sus preocupaciones, sus esperanzas y sus sueños. Solo entonces puedes presentar una oferta que les resulte atractiva.

3. **Brinda una herramienta para conseguir socios estratégicos.** Para tener éxito al lanzar cualquier cosa significativa, necesitas ayuda. No puedes

hacerlo todo solo. Sea que estés hablando con una editorial, o una empresa discográfica, un agente literario, un publicista, un minorista o un patrocinador empresarial, tienes que poder explicar rápidamente quién eres. Solo entonces tu socio potencial estará en condiciones de decidir si puede ayudarte o no.

Muy bien, ya estás convencido. Pero ¿cómo preparas una buena presentación de este tipo?

En primer lugar, comprende que la presentación va a ser diferente según si estás ofreciendo un producto de *información* (por ejemplo, un libro de no ficción, una conferencia, un servicio de asesoramiento, etc.) o un producto de *entretenimiento* (por ejemplo, una novela, un guion, un acto de comedia u otras diversiones). Cabe destacar que, cuando uso el término *producto*, me estoy refiriendo a tu producción creativa más allá de la forma. Podría ser un producto real o un servicio o incluso una causa.

Un discurso de ascensor de un producto de información debería constar de cuatro componentes:

1. El nombre y la categoría de tu producto.

2. El problema que estás tratando de resolver.

3. La solución propuesta.

4. El beneficio clave de tu solución.

Este es un ejemplo de cómo presenté este libro:

Estoy escribiendo un nuevo [Componente 1] libro de negocios llamado *Plataforma*. [Componente 2] Está pensado para cualquiera que esté tratando de atraer atención hacia su producto, servicio o causa. [Componente 3] Enseño a mis lectores cómo construir una tribu de seguidores leales, usando los medios sociales y otras nuevas tecnologías. [Componente 4] Explico que nunca ha sido más fácil, menos costoso o más posible que en este momento.

Un discurso de ascensor de un producto de entretenimiento debería también constar de cuatro componentes:

1. El nombre y la categoría de tu producto.

2. La ambición del protagonista.

3. El conflicto que enfrenta.

4. El verdadero significado de la historia.

Este es un ejemplo de un mítico proyecto sobre el compositor moderno Eric Whitacre:

> Estoy filmando un [Componente 1] documental inspirador llamado *Cloudburst*. [Componente 2] Es sobre un joven músico, sumamente dotado, que sueña con convertirse en director de orquesta. [Componente 3] El único problema es que no puede leer música. Como resultado, nadie en el negocio de la música le dará una oportunidad. [Componente 4] Sin embargo, finalmente logra tener éxito debido a su honestidad, optimismo y esfuerzo.

Obviamente las presentaciones pueden variar mucho, según sea lo que se ofrece. Pero más allá de eso, quieres crear un discurso de ascensor que sea claro e irresistible. Este es un prerrequisito para atraer a los socios y a los futuros clientes que necesitas para tener éxito.

Por cierto, una vez que tienes bien preparada esta presentación, no la repitas mecánicamente, como un loro. En cambio, haz lo que sugiere Michael Port en el capítulo 4 de su excelente libro *Tu mejor promotor: tú mismo*: úsala como base de una conversación significativa.[3]

Establece tus herramientas de marca

Si hay alguien en tu vida que se encarga de hacer reparaciones, quizás tenga una de las populares herramientas multifuncionales manuales Leatherman. Pero si quieres hacerle a esa persona un regalo especial, no tienes más que buscar la edición limitada en oro de 18 quilates de Del Ray Leatherman, hecha por el artista Adrian Pallarols.[1] ¡Solo cuesta unos cuarenta mil dólares! Si, como yo, perdiste la oportunidad de comprar una de las veinticinco creadas, relájate. Estás preparándote para lanzar tu plataforma y construir tu marca, de modo que tu herramienta multifuncional tendrá un aspecto algo diferente.

Quizás hayas pasado por alto algunas de las herramientas más simples que ya tienes a disposición. Literalmente, cada punto de contacto es una oportunidad para crear una impresión de marca positiva... si tienes la intención.

Estas son cinco herramientas básicas de marca personal que deberías aprovechar antes de pasar a otras más complejas.

1. **Dirección de correo electrónico.** El otro día recibí un mensaje de correo electrónico de alguien que afirmaba ser un experto en medios sociales, especializado en marca personal. El único problema era que su dirección de correo electrónico era algo así como gallo763@aol.com. Eso inmediatamente mató su credibilidad para mí.

   Si estás usando una dirección de correo electrónico de AOL, déjala. Nada grita más «¡Me quedé en los 90!» que AOL. Lo mismo ocurre con yahoo.com y hotmail.com. La única excepción es Gmail. Usa este formato: primer nombre.apellido@gmail.com. Esto se ve mucho más profesional que gatito23@gmail.com.

Mejor aun, compra tu propio nombre de dominio por diez o veinte dólares al año. Tendrás una dirección de correo electrónico que se vea así: tunombre@tudominio.com. Esto da una impresión de marca positiva y poderosa.

2. **Firma de correo electrónico.** Tu firma en el correo electrónico es una oportunidad de crear otra impresión de marca. Pero ten cuidado. Si incluyes demasiada información, solo se convierte en un gran aviso confuso. Si incluyes muy poca, pierdes una gran oportunidad.

Pregúntate qué información de ti necesita realmente la gente. Quizás necesiten tu número de teléfono. O quizás no. (Yo no doy el mío porque no quiero que me llame nadie que no tenga ya mi número.)

Es una buena idea incluir vínculos a tu blog o a tu sitio web, vínculos a tus perfiles de medios sociales, y tal vez una mención de tu proyecto más reciente. (No te excedas.) También incluye un descargo de responsabilidad al final.

Esta es mi firma actual:

Michael Hyatt

MY BLOG   http://michaelhyatt.com
SPEAKING http://michaelhyatt.com/speaking
TWITTER   http://twitter.com/michaelhyatt
FACEBOOK http://www.facebook.com/michaelhyatt
GOOGLE+   http://gplus.to/michaelhyatt

:: Este correo debe considerarse informal y sin permiso para citarse (incluso para *blog* o *tuit*) a menos que acordemos al contrario. ::

(Gracias a Seth Godin por el descargo del final de la firma.)

3. **Tarjetas profesionales.** Esta es otra forma de crear una impresión de marca poderosa y también transmitir información importante. Es asombroso cuán creativa es la gente con esto. Pero no te extralimites.

Comunica lo básico: tu logo, tu nombre, información de contacto y quizás un eslogan. Asegúrate de incluir la información de contacto de los medios sociales. He visto algunas tarjetas con solo un nombre de usuario de Twitter o la dirección de un sitio web. Eso puede ser efectivo también, según cuál sea tu propósito.

Puedes hacerlo por tu cuenta con un *software* como Photoshop o (mi favorito) Acorn.[2] (Si quieres un programa de *software* especializado, prueba Business Card Composer.[3]) Si quieres dar un impulso a tu creatividad, aquí tienes cientos de ejemplos creativos en un sitio web llamado CardFaves.[4]

4. **Sitio web.** Es, sin duda, la herramienta de marca más importante que puedas tener. Es la primera forma en que la mayoría de la gente te encontrará. Forjará su opinión acerca de ti. Esa es la razón por la que debes hacerlo bien. Pasaré varios capítulos hablando de esto en la siguiente sección.

Contrata un diseñador web si puedes pagarlo. Habla con él sobre lo que quieres comunicar. Escribe algunas palabras que esperas que los visitantes usen para describirte. Presta atención a los colores y a las fuentes. Todo eso comunica en forma sutil.

Si no puedes costear todavía un diseñador, al menos comienza con un «tema», o imagen creado profesionalmente. Cuando pasé a Word-Press, comencé con WooThemes.[5] Tengo amigos y familiares que usan ElegantThemes.[6] Actualmente estoy usando una versión personalizada de Standard Theme,[7] que me encanta. Puedes comprar un gran tema por cincuenta o cien dólares.

5. **Perfiles de los medios sociales.** Una vez que tengas una imagen para tu blog o página web, incorpora tantos elementos del tema como puedas en tus perfiles de medios sociales. Twitter, Facebook, YouTube y otros, te permiten personalizar los gráficos de fondo y otros elementos.

El objetivo es que tus fans y seguidores tengan una experiencia de marca consistente. Usa el mismo logo, la misma paleta de colores y las mismas fuentes en cada plataforma. Quieres que ellos aterricen en uno de tus perfiles de medios sociales y sepan de inmediato que es tu perfil.

Contraté TweetPages[8] para diseñar el mío. Me costó unos cientos de dólares que me diseñaran un fondo personalizado para mis páginas de Twitter, Facebook y YouTube. Por un artista gráfico de alta calidad, fue una ganga. Como extra, fue una de las mejores experiencias de servicio al cliente que haya tenido.

Estas cinco herramientas pueden hacer mucho para crear una primera o segunda impresión positiva. No pienses en ellas aisladamente, sino como parte de una gestión general de marca y programa de construcción de plataforma. Y la buena noticia es que, aunque no tengas una herramienta multifunción de oro de edición limitada, ellos no tendrán tus cuarenta mil dólares.

Reúne a tu equipo de mecánicos

Aunque tú eres el que debe ser responsable de construir tu plataforma, sigues necesitando un equipo. No puedes hacerlo solo. El trabajo es demasiado grande. Puedes tener que comenzar en pequeño, pero debes vincular a otros para que te ayuden a llegar a tu destino. Planea esto antes del lanzamiento y ten tu equipo lo más completo posible.

En su libro *Get Off Your "But"*, el autor Sean Stephenson comparte el concepto de reunir un equipo de mecánicos, como se hace en las carreras automovilísticas.[1] Esta es una metáfora útil para pensar en tu carrera profesional. En esencia, eres el conductor del auto de carreras. Tu mensaje o producto es el auto. Debes asumir la responsabilidad personal por el resultado. Pero no llegarás lejos sin un equipo de mecánicos.

En una carrera automovilística, el equipo de mecánicos es responsable de optimizar el vehículo y hacer que todo ande sobre ruedas; cada persona tiene un papel bien definido. Esto libera al conductor para hacer el trabajo que solo él puede hacer. El equipo de mecánicos mantiene al auto en la pista y en la carrera.

Al construir una plataforma, ocurre lo mismo. Necesitas un equipo de gente cuyas funciones especializadas te permitan hacer lo que haces mejor. Estos son algunos de los compañeros de equipo que puedes tener que reclutar mientras construyes tu plataforma.

ADMINISTRACIÓN

La ayuda administrativa te libera para concentrarte en lo que haces mejor: crear. En algún punto, puedes necesitar contratar a uno o más de los siguientes:

- **Asistente**. ¿Realmente es un buen uso de tu tiempo procesar correos electrónicos, hacer arreglos de viaje y responder a los pedidos de reunión? No tiene que ser un puesto de tiempo completo. Contraté un asistente virtual a través de EAHelp.com quince horas por semana.[2] No pude estar más contento con mi decisión.

- **Contador**. Solo porque puedas llevar tu propia contabilidad no significa que debas hacerlo. Otra vez, es tiempo que le restas a la creación. Además, como el asistente virtual, puedes contratar a alguien por tiempo parcial. Conozco a una persona que hace esto en unas pocas horas al mes. Como un asistente, me libera para hacer lo que solo yo puedo hacer.

- **Abogado**. Cuanto más exitoso te vuelvas, más necesitarás un buen abogado confiable. Sin embargo, no todos los abogados son iguales. Necesitas uno que se especialice en propiedad intelectual.

GESTIÓN

Gestión es el término usado para referirnos a la persona o compañía que maneja tu carrera en general y te ayuda a desarrollar tu plataforma. Básicamente hay dos opciones:

- **Autogestión**. Esto es lo que casi todos los creativos hacen. Tú eres, en esencia, tu propio «contratista general». Contratas a los substitutos y los diriges. En cierto momento, esto comienza a dispersar tu foco y a consumir tu tiempo creativo. Pero mientras tanto, debes asumir la responsabilidad por esto. No es el papel de tu agente literario, ni de tu representante u otro profesional.

- **Gestión personal**. Los creativos más exitosos contratan a un gerente personal para que supervise su carrera. La buena noticia es que típicamente le pagas un porcentaje de tus ingresos (mejor, para ti, de tus ingresos brutos), de modo que solo gana dinero si tú ganas dinero. La mala noticia es que es difícil encontrar a alguien que tenga la experiencia necesaria y también sea competente y confiable.

REPRESENTACIÓN

Los agentes te representan ante potenciales clientes de tu trabajo. Son distintos de los gerentes. Piensa en ellos como vendedores. Por lo general, están a las órdenes de los gerentes. Son el vínculo que te conecta con la gente que necesitas para que se corra la voz. Al contratar un agente, necesitas alguien que te represente bien, pues otros se formarán su opinión de ti sobre la base de sus interacciones con tu(s) agente(s).

- **Agente literario**. Es obligatorio para los escritores. Por lo general no puedes abrir ninguna puerta editorial sin uno. ¿Por qué? Porque las editoriales tradicionales usan a los agentes como filtros para separar la paja del trigo. También brinda la influencia que necesitas en el proceso de negociación de contratos. Las editoriales no están para aprovecharse de ti, pero naturalmente están centradas en sus propios intereses.

- **Representante**. Es obligatorio para oradores u otros artistas. Un buen representante puede darte acceso a planificadores de eventos que no tendrías de otro modo. Por lo general, te consiguen honorarios más altos de los que conseguirías por tu cuenta. (La mayoría de la gente no tiene habilidad para negociar por sí misma.) También puede asegurar que estén protegidos tus derechos de propiedad intelectual y que tengas la calidad de producción que necesitas (por ejemplo, sonido, luces, etc.) para hacer lo mejor.

- **Agente de prensa**. Sin importar si eres escritor, comediante, orador o algún otro tipo de creativo, es probable que necesites un agente de prensa en algún punto. Esto suele ser particularmente cierto cuando estás lanzando un nuevo producto. A diferencia de los agentes literarios y los representantes, la mayoría de los agentes de prensa trabajan sobre la base de honorarios en lugar de por comisión. Sin embargo, por lo general, puedes contratarlos por proyecto.

CREACIÓN DE CONTENIDO

Estas son personas que pueden ayudarte a crear tu contenido. No te recomiendo que lo creen por ti, pero seguramente pueden ayudarte:

- **Asesores**. Adonde quieras ir, es probable que alguien ya haya estado allí antes. Algunas de estas personas se han convertido en hábiles asesores también. Los he usado para ayudarme a mejorar en áreas específicas. Por ejemplo, quizás consideres contratar un asesor de redacción, de oratoria o de voz. No tiene que ser costoso, y puede ser por un tiempo. Quizás solo necesites alguien que te impulse al siguiente nivel.

- **Colaboradores**. Son personas que te ayudan a dar a tu contenido una forma comercializable. Puede ser algo tan simple como un editor, pero puede incluir a un escritor fantasma, o algo intermedio. Si estás produciendo audio o video, podría ser un productor o un editor de video. Las opciones son ilimitadas. El punto es que no tienes que hacerlo todo tú. Siempre es una idea inteligente que un profesional —productor, editor, redactor, u otro profesional de la industria— revise tu trabajo para estar seguro de que está bien.

EDITORIALES

Son las empresas que te ayudan a publicar, a poner tu producto en el mercado. La palabra *publicar* significa «hacer conocido». Podría ser una editorial, un distribuidor de video o un minorista en línea. Hasta podrías hacerlo tu mismo (por ejemplo, autopublicación). Sin embargo, tienes que considerar a estas empresas como parte de tu equipo.

———

Para resumir, si planeas seriamente sacar a la luz tu trabajo, tienes que comenzar formando un equipo de ayudantes. ¿Por qué? Porque brinda tres beneficios:

1. Acceso a contactos que no tienes.

2. Palanca que maximiza tu impacto.

3. Libertad para concentrarte en lo que haces mejor.

Quizás tengas que comenzar en pequeño (todo el mundo tiene que hacerlo), pero esta visión general te ayuda a priorizar, de modo que puedas formar el equipo que necesitas para lograr los resultados que quieres.

Asegúrate respaldos impactantes

Una selección de respaldo para ti y/o tu producto o servicio es absolutamente esencial para una plataforma fuerte. Los respaldos se usan mucho en todas las formas de mercadeo... y por una buena razón. Brindan la validación de un tercero y autoridad social. Facilitan que los que controlan los accesos y los potenciales clientes, digan sí.

El fácil acceso a los medios sociales, los sitios de reseñas y los comentarios de productos significa que dependemos cada vez más de lo que los otros digan de un producto o servicio para hacer una compra. Si varias personas que respetas recomiendan un producto, puedes tomar tu decisión de compra sobre esa única base.

De hecho, probablemente has respaldado tú mismo algo hace poco. Si marcaste «me gusta» en algo de Facebook, efectivamente lo has respaldado.

El poder de este simple clic es evidente en una encuesta conjunta de ReverbNation y Digital Music News, realizada en diciembre de 2011. Hallaron que los músicos ahora consideran los «me gusta» de Facebook (48.13%) como tres veces más valiosos que las firmas de correo electrónico (14.03%). E hicieron comparaciones similares con los suscriptores del canal YouTube (15.90%) y seguidores de Twitter (14.45%).[1]

Conseguir respaldos se ha convertido en un lugar común en casi todas las áreas de la vida. ¿Por qué? Porque, con tantas opciones, pocos tenemos tiempo para hacer la evaluación por nosotros mismos. En cambio, nos apoyamos en la opinión de personas en quienes confiamos. Esto reduce el riesgo y nos ayuda a tomar una decisión más rápidamente.

Esta es la razón por la que, si vas a construir una plataforma exitosa, no puedes darte el lujo de ignorar los respaldos. Debes tratar de obtenerlos para cada producto o servicio que crees. Si bien el proceso es a veces difícil y consume tiempo, es absolutamente fundamental lograr la visibilidad y la credibilidad que necesitas.

Los respaldos pueden ser de dos tipos:

1. **Respaldos de celebridades.** No tienen que ser personalidades del cine o la televisión. Pueden ser simplemente expertos muy conocidos en un campo determinado. Por ejemplo, si quisiera comprar un nuevo par de tenis para correr y viera un respaldo de Christopher McDougall, eso significaría algo para mí, porque es una importante autoridad en la disciplina de correr descalzo.[2]

2. **Reseñas de los usuarios.** Son importantes también. Quiero saber qué tipo de experiencia han tenido los simples mortales con el producto o servicio. La celebridad que respalda puede tener todo tipo de motivos para apoyar un producto o servicio, pero es más probable que los individuos sean sinceros.

Por cierto, algunas reseñas negativas de usuarios comunes también pueden ser útiles. Si todas las reseñas de usuarios son positivas, empiezo a sospechar. Cuando algunas son negativas, supongo que son todas honestas y dan más valor a las positivas.

Entonces, ¿cómo consigues respaldos? Estos son los cinco pasos que recomiendo:

1. **Crea un gran producto.** Pasé toda la última sección del libro con este tema, pero vale la pena repetirlo. La gente que importa no va a respaldar un producto mediocre. No pueden darse ese lujo. ¿Por qué? Porque su marca se verá lesionada por la asociación negativa. De modo que debes estar comprometido con la excelencia. (Nota: No dije *perfección*. Haces tu mejor esfuerzo, luego lo lanzas.)

2. **Haz una lista de candidatos.** En un mundo ideal, ¿quiénes te gustaría que te respaldaran? Piensa a lo grande. (Cuando escribí mi libro electrónico *Creating Your Personal Life Plan*,[3] comencé con una lista de

cuarenta personas. Terminé consiguiendo respaldo de veinticinco de ellas.) Pregúntate: *¿Quiénes son autoridades reconocidas en mi campo?* No te apresures a descartar a alguien porque piensas que no puedes acceder a él. Quizás no conozcas al posible respaldo, pero puedes conocer a alguien que sí lo conozca.

3. **Consigue un respaldo para conseguir más.** Siempre es difícil ser el primero. A veces los posibles candidatos necesitan ellos mismos un respaldo para estar cómodos con tu producto.

Con mi libro electrónico, recorrí la lista y dije: «¿Quién es más probable que diga sí por la relación que tenemos?». Luego le pedí a esa persona un respaldo. Por supuesto, lo obtuve. Incluí ese respaldo en todos mis otros pedidos. (También me dio el valor para pedir los otros.) Esto facilitó las cosas para todos, porque alguien ya había sido el primero.

4. **Pide el respaldo.** No andes con rodeos. La gente ocupada, como aquellos que quieres que te respalden, no tienen tiempo para leer largos correos electrónicos. Ve al punto. Además, trata de abordarlos en el momento en que estén más receptivos. Por ejemplo, siempre pido respaldos para mis charlas (y siempre lo hago) justo después del compromiso, mientras está fresco en sus mentes y antes de que se distraigan demasiado con otras cosas.

5. **Entrega una guía, muestras y un plazo.** Incluye una breve descripción de tu producto y quizás una muestra. Luego ofrece enviarles el producto entero. Diles el tipo de respaldo que estás buscando. Cuanto más específico, mejor.

Siempre les digo que estoy buscando solo dos o tres oraciones. Quizás escriban más, pero esto suena factible. Luego les doy uno o dos respaldos reales y un plazo de entrega. Se los pido dentro de la semana. En mi experiencia, es más probable conseguir un respaldo con un plazo breve que con uno más largo.

Cuando obtienes el respaldo, agradece y luego exhibe los respaldos de un modo bien visible en tu producto y en tu mercadeo. También he comenzado a extraer los respaldos como breves *clips*, como los estudios hacen con las películas.

Por ejemplo, después de que hablé en The Gathering, Ted Dekker, un autor de *best sellers* y patrocinador del evento, dijo:

La gente de veinte y de treinta está inundada de mensajes y entretenimiento, lo que hace que sea un grupo difícil de complacer. Las palabras de Michael... fueron al grano e ilustraron bellamente el poder de un magnífico narrador. Fue el tipo de charla que el público desea, pero rara vez consigue.

Incluyo la cita completa en el margen de la página de mis charlas en mi sitio web. Luego uso un extracto en el cuerpo mismo del texto: «El tipo de charla que el público desea, pero rara vez consigue». Si insertas varias de estas citas juntas, logras el mismo efecto que crean los estudios cinematográficos en sus materiales de mercadeo.

Conclusión: los respaldos pueden marcar una gran diferencia para que tu producto sea notado por los que controlan el acceso, los que crean tendencia y el mercado al que apuntas. Tomate el tiempo para conseguirlos. Vale la pena.

QUINCE

Consigue un maravilloso primer plano

Mientras construyes tu propia plataforma, necesitarás fotos tuyas. ¿Por qué? Porque la gente quiere conectarse con gente, no solo con marcas, productos o causas.

La foto adecuada puede ayudarte a establecer credibilidad, generar confianza y promover compromiso. Esto forma el núcleo de la conexión en el mundo de los medios sociales y es esencial si esperas alguna vez convencer a alguien de lo que tienes para ofrecer.

La clave está en lograr el primer plano correcto. No se trata de crear una foto glamorosa con el Photoshop. Se trata de capturar el verdadero y auténtico tú, así como la gente que te conoce mejor te experimenta.

Entonces, ¿cómo logras un primer plano para tu producto, sitio web u otros materiales de mercadeo? Estas son nueve sugerencias.

1. **Contrata a un profesional.** No le pidas simplemente a un familiar o a un amigo que te saque unas fotos rápidas. Y no te conformes con una fábrica de retratos. Por el contrario, busca en la web «fotografía retrato [tu ciudad]». Revisa los muestrarios en línea y pide recomendaciones a tu tienda de cámaras. Espera tener que pagar unos cientos de dólares.

2. **Negocia todos los derechos.** Asegúrate de hacer esto al comienzo del proceso y dejarlo por escrito. No quieres tener que pagar derechos cada vez que uses la foto en un contexto diferente. Algunos fotógrafos famosos no estarán de acuerdo con esto. Así que sigue buscando. Hay muchos fotógrafos, y encontrarás uno que trabajará contigo.

3. No te fotografíes en un estudio. Sé que algunos no estarán de acuerdo con esto, pero pocas cosas se ven más estériles que un estudio. En cambio, hazte las fotos en tu terreno, en un ambiente familiar. Esto es mucho más interesante y agrega más de tu personalidad al resultado final.

4. Usa algo adecuado. El foco debe estar en tu cara, no en tu ropa. Por *adecuado*, quiero decir algo ni pasado de moda, ni demasiado a la moda. Siempre me pregunto: *¿Qué puedo usar que no me avergüence dentro de diez años?* Quizás hasta quieras hacer algunos cambios de ropa durante la sesión.

5. Sácate muchas fotos. No estás buscando una foto posada. Quieres algo más natural, donde se exprese tu personalidad por completo. Cuantas más fotos te saques, más probable es que encuentres las que funcionen. Un buen fotógrafo puede tomar unas doscientas fotos (a veces más) en una hora.

6. Mira la lente. Quieres establecer una conexión personal. Esto no es muy diferente de encontrarte con alguien por primera vez: *míralo directamente a los ojos*. Los ojos son verdaderamente «la ventana del alma». Una excepción son las fotos cuando estás hablando o representando. Sin embargo, esas no son técnicamente primeros planos.

7. Sonríe... con toda la cara. No estoy hablando de una de esas grandes sonrisas falsas que te obliga a mantener dos segundos más de lo que te resulta cómodo. Estoy hablando de una sonrisa natural con la boca *y los ojos*. (Los fisiólogos a veces se refieren a esta como la sonrisa de Duchenne.[1]) Quieres verte agradable. Esto es más importante que parecer profesional, lo que quiera que eso sea.

8. Planea la foto cuidadosamente. No tiene que verse todo tu cuerpo ni siquiera la parte superior del torso. Queremos concentrarnos en tu cara. Mientras lo estás haciendo, pide al fotógrafo que desdibuje ligeramente el fondo (los fotógrafos llaman a esto *bokeh*). Esto enfatizará aun más tu cara.

9. Elige la foto principal. Usa esta en tus productos, en tu sitio web y como avatar en todos tus perfiles de medios sociales. Quieres una impresión de marca consistente. También elige algunas alternativas, así tus socios estratégicos tienen algunas opciones. Hago esto en la página de materiales promocionales especiales de mi sitio web. Cuando alguien necesita una foto, los dirijo hacia allí.

Estas no son reglas absolutas; son simplemente sugerencias. Puedes violarlas en la medida en que lo hagas con un objetivo específico.

Finalmente, es una buena idea rehacer tus primeros planos cada tanto. Nada es más discordante que conocer a alguien que parece diez años mayor que su fotografía, y eso podría crear desconfianza donde no existía.

DIECISÉIS

Desarrolla un kit de medios en línea

Una vez que has completado tu trabajo en un nuevo producto —sea un libro, un disco, una nueva serie de CD o incluso un blog—, probablemente tendrás un tiempo antes de que esté disponible para el mercado. Esta es la oportunidad perfecta para poner los patos en fila y preparar el lanzamiento.

Una de las primeras cosas que tienes que crear es un gran kit de medios en línea. Esto es una página en tu sitio web o en tu blog a la que querrás enviar a socios estratégicos, productores de medios, reseñadores de productos, planificadores de eventos, personas de relaciones públicas, superfans, y todos aquellos que quieran hablar de ti o de tu producto. ¡Facilítales las cosas! Tu kit de medios es una página de recursos diseñada para equipar a la gente con todas las herramientas que necesitan para ayudar a difundir el mensaje. (También puede ayudarte a controlar tu mensaje.)

Incluye los siguientes ocho componentes. Puedes, como alternativa, separar algunos en distintas páginas. Te daré algunos ejemplos al final de este capítulo.

1. **Titular.** Aclara de qué se trata esta página. Podría ser tan simple como el nombre de tu producto y las palabras *Kit de medios*.

2. **Navegación.** Brinda una tabla de contenidos. Esto da una visión general de la página y una forma rápida para que su visitante navegue a las partes de la página que son más importantes para él. Por ejemplo, yo hice esto en mi página sobre charlas.[1] Aunque no es un kit de medios en sí, te dará una idea.

3. **Información de contacto.** Facilítales las cosas a los medios, a los planificadores de medios y a tus fans. Esto suele ser lo único que están buscando. Ponla cerca de la parte superior. Dile a la gente que se comunique contigo para preguntas de los medios; eventos o presentaciones; pedidos de copias para reseñas (para libros); preguntas de los fans; y todos los demás pedidos.

Si vas a dar tu dirección de correo electrónico, usa un vínculo y codifícalo, para no atraer mucho *spam*. También brinda vínculos con tus perfiles de medios sociales, incluyendo Twitter, Facebook, LinkedIn, Google+ y otros.

4. **Información del producto.** Brinda toda la información básica sobre el producto en un lugar. No hagas que los lectores tengan que salir de caza.

- *Argumento de venta.* Brinda una versión corta (cien palabras más o menos) y una larga (trescientas a quinientas palabras) de tu argumento de venta. La versión breve de Bloomberg Media dice: «La elite empresarial global confía en Bloomberg más que en cualquier otra fuente de noticias». La versión larga:

> Bloomberg es una confiable fuente indispensable de noticias y análisis para la mayor y más poderosa red de ejecutivos de empresas de todo el mundo. Hemos apalancado la innovación y la escala de la tecnología, análisis, noticias y distribución de Bloomberg para crear un espectro de medios completo, sin paralelo. Con 2,300 profesionales de los medios en 146 oficinas en 72 países, brindamos inteligencia ganadora de premios, cuando sucede la noticia, desde donde sucede.[2]

- *Especificaciones del producto.* Haz una lista de las simples especificaciones técnicas o de producto. Por ejemplo, en el caso de una carpa Coleman Sundome® para cuatro personas,[3] esto incluiría:

> Peso: 4.60 kilos
> Piso: Polietileno 1000D-140 g/metro cuadrado
> Un año de garantía limitada
> Hecho en China

- *Formatos del producto.* Haz una lista y crea vínculos para los formatos adicionales en los que el producto puede estar disponible, así como cualquier producto auxiliar: ediciones de primera calidad, ediciones firmadas, materiales de estudio en DVD, mercancías, libros de ejercicios, seminarios, conferencias, etc. Esto podría ser cualquier cosa relacionada orgánicamente con el producto principal.

   Para la carpa Coleman mencionada, los productos auxiliares incluirían un kit de reparación de carpas, el ventilador para carpa de seis luces CPXtm y la lámpara para carpas de 4.5 LED CPXtm, así como las carpas Sundome para 2, 3 y 6 personas y la carpa Elite Sundome para 6 personas.[4]

- *Fotos del producto.* Brinda más de una foto, preferentemente desde diferentes ángulos y en 3-D. Uso un programa llamado Box Shot 3D.[5] Es poderoso y me permite crear fotos del producto como esta:

- *Avances del producto*. Primero existieron los avances de películas. Luego, hubo videos musicales. Ahora hay grandes avances para oradores, demos de productos, libros y más. De hecho, algunas personas producen más de uno. Asegúrate de que estén cargados en un sitio como Vimeo[6] (mi preferencia personal) o YouTube así la gente que lee la página puede importarlos a su propio sitio o blog.

- *Biografía completa*. Brinda una versión breve (cien palabras) y una más larga (trescientas a quinientas palabras). No la hagas de manera que parezca un currículum. Solo tienes que incluir lo que es importante para el público de esta página.

- *Primeros planos*. Coloca varias fotos de tu cara en distintos tamaños. Yo pongo fotos formales, casuales y de acción.

- *Respaldos del producto*. Aquí es donde incluyes todos los respaldos de las celebridades. Trata de conseguir figuras de autoridad en tu categoría. Si no puedes, apunta a gente con referencias impresionantes. Si no puedes, los respaldos de clientes son mejores que nada. Mira en el capítulo 14 cómo conseguir grandes respaldos.

5. **Información de promoción.** La mayoría de los lectores no estarán interesados en todos los aspectos de tu estrategia de mercadeo. Sin embargo, tus apariciones en vivo (por ejemplo, charlas, conciertos, presentaciones) y tus apariciones en los medios (por ejemplo, radio, televisión, chats en vivo, giras de blog) serán relevantes tanto para los profesionales como para los fans.

- *Apariciones en vivo*. Coloca una lista de las fechas de tus próximas charlas o conciertos. Incluye vínculos para que los lectores puedan obtener información adicional. Este es un excelente ejemplo del sitio de Ken Davis:[7]

  Autor de *best sellers*, invitado frecuente de radio y televisión y uno de los oradores inspiradores y motivadores más seguidos del país: la combinación de humor desopilante e inspiración en Ken encanta y enriquece audiencias de todas las edades. Sus libros han recibido la aclamación de la crítica nacional, incluido el premio «Libro del Año» y el Premio Medalla de Oro. El video y las cintas de audio de sus apariciones en vivo están en constante demanda.

Ken ha sido el principal orador de cientos de importantes eventos corporativos. Es un orador destacado de Promise Keepers y un invitado frecuente en «Focus on the Family». Ken ha hecho miles de apariciones personales en todo el mundo. Como presidente de Dynamic Communicators International, enseña habilidades oratorias a profesionales del ministerio y ejecutivos corporativos. El programa radial diario de Ken, «Lighten up!», es escuchado a través de más de 1500 estaciones en Estados Unidos y en todo el mundo.

24 de febrero	Moses Lake, WA / Moses Lake Assembly of God	Comprar entrada
	Concierto de comedia «Totalmente vivo»	
19 de julio	Shipshewana, IN / Teatro Blue Gate	Comprar entrada
	Una noche de comedia para toda la familia	
26 de julio	Colorado Springs, CO / Instalaciones de Enfoque a la Familia	Comprar entrada
	Una conferencia para informar y capacitar a las familias	

- *Apariciones en los medios.* Pon una lista de tus próximas apariciones en los medios para que los productores, los planificadores de eventos y los fans puedan ubicarte. Podrías incluir también momentos destacados de tus apariciones anteriores.

6. **Recursos para entrevistadores.** Quieres facilitarles las cosas a los productores que te llaman. Aporta los siguientes ítems:

- *Biografía dividida en puntos.* Es similar a tu biografía, pero en formato de lista en lugar de un relato. Esto hace que sea más fácil para el entrevistador hacerla parecer natural. Este es un ejemplo de lo que brindo a aquellos que me presentan antes de que hable:[8]

MH

Presentación de Michael Hyatt

Michael Hyatt ha hecho su carrera en el mundo editorial. Como editor, agente literario y autor de best sellers del *New York Times*, tiene una perspectiva única sobre el mundo de la creación y la producción de contenidos y sus constantes cambios.

1. **Actualmente es el presidente de Thomas Nelson Publishers:**
   - La editorial cristiana más grande del mundo;
   - La editorial comercial más antigua que sigue existiendo; y
   - La séptima editorial de libros generales en Estados Unidos.

Ha trabajado personalmente con autores de *best sellers* como Dave Ramsey, John Maxwell, Andy Andrews y Marcus Buckingham.

2. **Michael es un exitoso profesional de los medios sociales:**
   - Su blog, MichaelHyatt.com, es uno de los más populares en el mundo.
   - Según Google, está entre los 800 blogs principales, con más de 400,000 visitantes por mes.
   - Típicamente escribe sobre liderazgo, productividad personal y medios sociales.
   - También tiene más de 100,000 seguidores en Twitter.

3. **Lo más importante, Michael es un dedicado padre de familia:**
   - Ha estado casado con su esposa, Gail, durante 33 años.
   - Tienen cinco hijas, tres yernos y siete nietos.
   - Tiene su hogar en las afueras de Nashville, Tennessee.

Está aquí [esta mañana/tarde/noche] para hablarnos del tema de [título de la charla]. Por favor, démosle la bienvenida a Michael Hyatt.

- *Resumen del producto.* El 95% de los entrevistadores no han usado probablemente tu producto o no han leído tu libro o no han oído tu charla. No están familiarizados con tu oferta. Pero quieren que parezca que lo están. Resúmeselo para ellos. Es una oportunidad para que hagas parecer inteligente al entrevistador, lo que se traducirá en una buena entrevista y, potencialmente, en más entrevistas a lo largo del camino.

- *Lista de temas y ángulos para las entrevistas.* Una vez más, para facilitarles las cosas a los productores y que te inviten, brinda una lista de temas y puntos de vista. Haz que sean relevantes en relación con lo que la gente ya está diciendo. Esta es una sección que probablemente necesite actualización a medida que las noticias de actualidad cambian.

- *Preguntas de muestra para las entrevistas.* Esto es lo más importante que puedes hacer para obtener más entrevistas de alta calidad. Desarrolla una lista con siete a diez preguntas para entrevistas. Esto permite que tanto tú como el entrevistador se muestren inteligentes.

7. **Recursos para los fans.** Es fantástico tener fans. Es incluso mejor convertir a los fans en evangelizadores. Pero para lograr esto, tienes que equiparlos para que trabajen en tu beneficio.

- *Muestras.* Da a tus fans algo para compartir con otros. Citas de muestra de tu seminario, versiones *light* de tus aplicaciones o capítulos de muestra de tu libro. Una gran herramienta para los autores es Scribd.[9] ¿Por qué? Porque tus fans pueden incorporar los capítulos de muestra a su propio blog para compartirlos con otros.

- *Muestras de entradas de Twitter.* Hazlo fácil. Da a tus seguidores entre diez y treinta *tuits* de muestra. Sugiere un *hashtag* para poder rastrear todos los *tuits* en un lugar. (Ver el capítulo 43: «Comprende lo básico de Twitter».)

- *Banners.* Encomienda el diseño de avisos en *banners* que tus fans puedan poner en sus propios blogs o sitios web. Estos son más baratos de lo que piensas. Solo busca en Google «diseño de banners baratos». Deberías crear avisos para todos los tamaños estándares de banners.

• *Incentivos.* Da a la gente la oportunidad de comunicarse contigo sobre la base de cuántos productos compran o qué están dispuestos a hacer para promocionarlos. Gary Vaynerchuck y Phil Cooke son dos ejemplos de esto.

Vaynerchuck ofrece una muñequera *Crush It!* a quien compra tres libros, un video personalizado de Gary a quien compra cincuenta libros, y una hora de charla con él por Skype al que compra trescientos libros. Si compras mil libros, recibirás una cena con Gary en la ciudad de Nueva York.[10] Cooke tenía incentivos similares para su libro *Jolt!*[11] ¡Sé creativo!

• *Fondos de pantalla.* Algunos de tus fans quieren «un regalo digital». Con orgullo la exhibirán en su computadora. ¿Qué puede ser más personal que eso? Un buen diseñador puede crear un fondo de pantalla con la gráfica existente en menos de treinta minutos.

• *Mercancías.* Algunos de tus fans quieren «un regalo físico». Se identifican tanto con tu marca o tu producto que están dispuestos a usarlo, exhibirlo o beber de él.[12]

8. **Reacciones de los medios.** Esto es básicamente un «muro de fama». Incluye las reseñas de tus mejores productos, reseñas de clientes, comentarios de Twitter, comentarios de Facebook, comentarios de Google+, etc. La idea aquí es compartir los respaldos y el entusiasmo de tus fans para alimentar aun más entusiasmo.

El mejor ejemplo de kit de medios que he visto es el más reciente para el libro de Andy Andrews *La cumbre final.*[13] Cumple con casi todos mis criterios. Asegúrate de descargar también el PDF.[14]

También, visita los kits de medios en línea del libro de Dave Ramsey *EmpreLiderazgo,*[15] del libro de Dov Seidman *How: Why How We Do Anything Means Everything,*[16] y del libro de Jenny Blake *Life After College.*[17]

Si quieres equipar a tus potenciales sociales y fans para que hagan correr la voz, tómate el tiempo para construir un gran kit de medios en línea.

Hemos cubierto mucho en esta sección. Desde definir tus metas, reunir tu equipo de ayudantes, hasta asegurar impactantes respaldos; has aprendido sobre la necesidad de hacer bien todo el trabajo preparatorio. Si lo haces con cuidado y focalización, se convertirá en la base, los postes, las vigas y las viguetas de tu plataforma.

En la siguiente sección, comenzaremos a construir sobre esa sólida subestructura cubriendo los elementos importantes para construir tu base de operaciones en los medios sociales.

PARTE TRES

CONSTRUYE TU BASE DE OPERACIONES

Comprende el modelo

Hablemos de agregar las tablas a tu plataforma, creando una base de operaciones que sea sólida y brinde un fuerte sostén desde donde crecer. Las tablas incluyen todo desde Facebook, Twitter, tu blog, tu sitio web, incluso los medios tradicionales. Y aprender cómo entretejer todo esto sin que se noten las costuras es un arte en sí mismo.

Estos días, me encuentro cada vez más hablando sobre el tema de los medios sociales, porque soy un *bloguero* que ha alimentado el crecimiento del público del blog —y, por lo tanto, el tamaño de la plataforma— a través de los medios sociales, principalmente Facebook y Twitter.

A menudo me preguntan cómo funciona todo junto. La gente dice: «Muy bien, tengo el sitio web y esto del blog. Entiendo Facebook y Twitter... más o menos. Pero ¿cómo encaja todo?».

Hace un tiempo, escuché la conferencia de Chris Brogan (coautor de *Trust Agents*[1] y columnista de la revista *Entrepreneur*) en Nueva York sobre los medios sociales. Introdujo el concepto de un «marco de presencia simple». Varios meses después, Jon Dale, asesor de Thomas Nelson, donde yo era gerente ejecutivo en ese entonces, nos presentó un concepto similar. Lo llamó un «marco de medios sociales».[2]

Esta es mi versión. (He tomado prestados conceptos y términos de ambos, y de otros, pero esta es mi receta particular. Te aliento a que leas las de ellos también.)

Una buena estrategia de medios sociales tiene tres componentes.

1. **Una base de operaciones.** Es una propiedad digital que posees y controlas. Es donde se reúnen tus fans leales. Puede ser tan simple como un
blog o un sitio web o tan complejo como una comunidad autohospedada. Más allá de esto, es adonde diriges todo el tráfico de Internet.
¿Por qué? Porque este es el lugar donde mejor puedes vender tus ideas
o productos. Controlas las fronteras y determinas quién tiene acceso.

2. **Embajadas.** Son lugares que no posees, pero donde tienes un perfil
registrado. En otras palabras, tienes una presencia regular en la propiedad de otro. Te trabas en conversaciones con quienes se congregan
allí. Los ejemplos incluyen Facebook, Twitter, LinkedIn o incluso
otros blogs que sigues. Por lo general, necesitas un «pasaporte» (credenciales verificadas) otorgado por el dueño del sitio para mantener
la residencia o participar en conversaciones.

3. **Puesto de avanzada.** Son lugares que no posees y en los que tampoco
tienes una presencia regular. En cambio, simplemente oyes conversaciones sobre ti, tu marca, tu empresa o temas que te interesan. Por
ejemplo, tengo columnas de búsqueda en HootSuite[3] que monitorean
las menciones tanto de mi nombre como de mi compañía. También
uso Google Alerts[4] para monitorear la misma información siempre
que aparece en la web.

La conclusión es que todas las herramientas de medios sociales disponibles entran en uno de estos tres cubos. Si solo estás involucrado con
los medios sociales por entretenimiento, quizás no necesites una base de
operaciones. Pero si consideras seriamente la construcción de una plataforma, allí es donde precisamente tienes que comenzar. Desde allí puedes
establecer embajadas y puestos de avanzada.

DIECIOCHO

Concentra tus esfuerzos en línea

La forma más eficaz de vender cualquier cosa es el boca a boca. Los consumidores confían en las recomendaciones de su familia, amigos y compañeros de trabajo. Tienen la credibilidad que nunca podrás esperar tener.

Esto exige la pregunta: «¿cómo se inicia el boca a boca?».

Ciertamente, comienza creando un gran producto o servicio, algo verdaderamente wow, como dijimos en la parte 1. Y es la razón por la que la declaración del gurú de la publicidad David Ogilvy: «Un gran mercadeo solo hace que un mal producto fracase más rápido» es tan apta, porque el boca a boca en realidad funciona en contra de un producto decepcionante.

Una vez que tienes un gran producto, tienes que hacer correr la voz. En ese punto, la cuestión es cómo transmitir el mensaje del modo más eficaz de acuerdo con el costo.

Por supuesto, puedes usar los medios comerciales, entre ellos la TV, la radio, la publicidad gráfica, las vallas, etc. Pero, hablando en general, esto es una pérdida de dinero. Solo un pequeño subconjunto del público que estás pagando por alcanzar puede ser considerado como (a) clientes potenciales de tu producto o servicio, y (b) gente que conozca tu marca. Peor, más que nunca, muchos estudios revelan que la gente desconfía de la publicidad, de modo que el mensaje es sospechoso desde el primer momento. Se necesita una enorme frecuencia para superar esto, algo que el presupuesto de la mayoría de los proyectos no puede justificar.

Esta es la razón por la que me opongo a casi todos los avisos que aparecen una sola vez en revistas o diarios. En cambio, es mejor «difundir selectivamente» el mensaje a la audiencia a que apuntamos. No hay una forma más barata de hacerlo que a través de Internet, donde puedes generar una tribu de seguidores que anticipan ansiosamente tu siguiente comunicado.

Todo esto es, más o menos, sentido común. El problema es que Internet en sí mismo no es suficiente. No puedes simplemente colgar un sitio web en el ciberespacio y esperar que su mera presencia cree seguidores. Si lo construyes, pueden no venir. Es como poner una valla en el desierto a quince kilómetros del camino más cercano.

Cuando era editor en Thomas Nelson, a principios de la década del 2000, enloquecimos con el sitio web. Teníamos un sitio corporativo, por supuesto. En el apuro por aprovechar Internet, cada una de nuestras divisiones construyó también un sitio. Luego comenzamos a construir sitios para los autores individuales. Finalmente, comenzamos a construir sitios individuales para cada uno de nuestros libros. Ingenuamente pensábamos que esto era mercadeo.

Esto fue antes de que el blog tuviera existencia real. Eran sitios *estáticos*. Los construíamos y luego nunca los actualizábamos en realidad. Puedes adivinar lo que ocurrió: nada.

Literalmente construimos más de mil sitios y ninguno tuvo tráfico significativo. Era como imprimir un hermoso folleto, guardarlos en el depósito y luego preguntarse por qué la gente no estaba comprando los productos. Lo que aprendimos es que, para que una estrategia en línea funcione, hay que crear un sitio que haga que la gente quiera volver por más... y traer a algunos amigos. El problema no tenía que ver con el mercadeo en línea; el problema era la forma en que lo estábamos usando.

Fue entonces cuando comencé a experimentar con mi propio blog. Noté que si actualizaba mi contenido con frecuencia, la gente volvería. Si escribía contenidos verdaderamente atractivos, la gente les contaría a sus amigos.

A partir de allí, comencé a experimentar con algunos de nuestros autores. Ellos empezaron un blog y lo usaron como base de sus propias plataformas. Tuvo grandes dividendos para muchos. Esa es la razón por la que hoy propongo fuertemente concentrar tus esfuerzos en línea. Ofrece un mejor retorno de la inversión. En el resto de esta sección, hablaremos de cómo aprovechar las herramientas en línea para construir tu propia plataforma.

Por cierto, esta no es una propuesta «o»: fuera de línea «o» en línea. Creo en ambas. Lo que sugiero es que la mayoría de la gente puede construir una plataforma en línea con más facilidad y menos costo que de cualquier otra manera.

Cuidado con los autoproclamados expertos en medios sociales

Si construir tu marca o plataforma está empezando a parecerte demasiado complicado o que consume mucho tiempo, y estás pensando en contratar a alguien que lo haga por ti, por favor, considera esta advertencia: no todos tienen la experiencia que dicen tener.

Por ejemplo, cada vez soy abordado por los así llamados expertos en medios sociales. Muy pocos son expertos de buena fe. Algunos son personas de los medios tradicionales que están poniendo un nuevo envoltorio a los mismos viejos consejos usando las nuevas palabras de moda. Muchos de ellos son personas de mercadeo desempleadas que descubrieron Twitter el mes pasado. De hecho, verifiqué recientemente que uno no tenía blog y solo unos cientos de seguidores de Twitter. No es ningún crimen, por supuesto... a menos que te estés haciendo pasar por un experto en medios sociales. Entonces, es simplemente ridículo.

¿Cómo notas la diferencia? Estas son tres reglas:

1. Asegúrate de que lo que el experto dice está respaldado por sus números.

2. Asegúrate de que ha estado en el lugar adonde tú quieres ir.

3. Asegúrate de que sabe cómo replicar su éxito.

Tú no querrías intentar escalar el monte Everest, llegar a mitad de camino y después descubrir que este es el primer ascenso de tu guía. Tampoco quieres seguir el consejo de alguien que es (como dicen en

Texas) «Todo sombrero y nada de ganado». Leer algunos libros y artículos sobre medios sociales no es lo mismo que construir una plataforma de medios sociales exitosa.

En lugar de mostrar algunos ejemplos negativos, permíteme darte algunos positivos. Leo religiosamente los blogs de Seth Godin, Chris Brogan y Tim Ferriss.[1] Sería feliz de aceptar consejos de cualquiera de ellos sobre la generación de tráfico en el blog.

¿Por qué? Verifiqué los números en Compete.com.[2] (Advertencia: esta herramienta no es cien por ciento precisa, pero se acerca bastante para verificar las afirmaciones de alguien.)

Ellos tienen más tráfico que yo. Por lo tanto, cuando hablan, escucho.

O tomemos Twitter. Varias veces por día me abordan personas que saben «cómo aumentar drásticamente el número de seguidores en Twitter». Esta afirmación de experiencia es fácil de comprobar también. De hecho, si el autodenominado experto no tiene más tráfico que yo, lo ignoro. Por otra parte, la última vez que verifiqué, Guy Kawasaki tiene más de 450,000 seguidores,[3] Chris Brogan tiene más de 200,000[4] y Tim Ferriss tiene más de 300,000.[5] (Seth Godin no está personalmente en Twitter en el momento en que escribo esto.)

Una vez más, estaría feliz de contar con los consejos de ellos porque han conseguido un gran número de seguidores, sin el beneficio de las plataformas de medios tradicionales (por ejemplo, un programa de televisión, una carrera cinematográfica, una carrera política). Lamentablemente, la mayoría de quienes se ofrecen como expertos en medios sociales no lo son. Depende de ti notar la diferencia. Esta es la razón por la que deberías comenzar con los números.

Comienza un blog (o reinicia uno)

Para muchos de nosotros, el corazón de nuestra base de operaciones es el blog. Es donde viven nuestras mejores ideas, el lugar donde otros pueden comentarlas e interactuar con nosotros, el nexo de nuestra red social. En los años en que he estado escribiendo mi blog, varios lectores se han contactado conmigo, para preguntarme cómo comencé. Créase o no, el proceso es más fácil de lo que se puede pensar.

Estos son ocho pasos:

1. **Elige un tema.** No estoy hablando del tema de diseño, sino del contenido. La mayoría de los *blogueros* adopta uno de estos tres enfoques. Algunos escriben sobre lo que les interesa en ese momento. En este sentido, sus blog son verdaderamente «diarios en la web». Otros eligen un único tema y se atienen a él. Francamente, esto requiere mucha disciplina. Pero otros, como yo, se concentran en un tema principal, y en ocasiones se desvían de él. Si quieres desarrollar un grupo de fieles lectores, creo que los últimos dos enfoques son mejores. La gente que tiene intereses en común vuelve siempre por más.

   Antes de comenzar, hazte estas dos preguntas fundamentales:

   - ¿Puedes generar contenido de calidad con regularidad? (Y por «regularidad» entiendo al menos tres veces por semana.)
   - ¿Tu contenido atraerá a un público leal y creciente? Quizás esta no sea tu meta, pero no generarás suficiente ingreso para

cubrir tus costos a menos que lo logres. (Más sobre monetizar tu blog en un capítulo posterior.)

No estoy tratando de desalentarte. Honestamente. Pero no inviertas tiempo y dinero hasta que puedas responder estas preguntas con un sí rotundo. La verdad es que la mayoría de la gente que comienza un blog lo abandona a los pocos meses. (Relee esta oración y deja que se asiente.)

2. **Elige un servicio.** Yo uso WordPress.org (la versión autohospedada).[1] Sin embargo, hay veintenas de servicios disponibles. Si estás apenas comenzando, recomiendo, en orden de preferencia, WordPress.com (versión hospedada), TypePad.com o Blogger.com. Si alcanzas cierto éxito y quieres la capacidad de personalizar casi todo, recomiendo WordPress.org. En ese punto, tendrás que elegir un servicio de alojamiento y luego instalar WordPress en él.

Si bien la versión básica, autohospedada de WordPress es gratis, es como una muestra de *crack*. Está diseñada para que te vuelvas un adicto. Una vez que migras a WordPress.org, los gastos comienzan a subir.

Gasto más de mil dólares por mes en mi blog. Sé que es escandaloso para la mayoría de la gente. Esta cifra incluye alojamiento, administración del servidor, programación personalizada, servicios de *software*, resolución de problemas y más. A veces, siento que es un agujero negro.

Sin embargo, para mí, vale la pena por el tráfico que genero y el ingreso que produce de avisos, comisiones de afiliados y venta de productos. Sin embargo, he tardado años en llegar a este lugar. Y no es el lugar para comenzar.

Esta es la razón por la que recomiendo comenzar con WordPress. com. Puedes levantarte y entrar en funcionamiento rápidamente.

3. **Establece tu blog.** La mayoría de los servicios de blog que he observado hacen de esto un proceso muy simple. No te desmoralices porque parece técnico. Por lo general, no lo es. No tendrás que convertirte en un especialista en informática. Sin embargo, tendrás que tomar algunas decisiones sobre cómo quieres que se vea tu blog.

Por ejemplo, tendrás que decidir un tema. En este contexto, eso significa los colores, el número de columnas y la imagen y la sensación general de tu blog. Es probable que quieras incluir tu foto. De ser así, necesitarás una copia digital. No importa, esto es algo que puedes ir ajustando a medida que avanzas.

4. **Escribe tu primera entrada.** Si no has escrito mucho, esto puede resultar la parte más difícil. Escribe entradas breves si no tienes mucha experiencia. (Te recomiendo menos de quinientas palabras.) Desarrolla ímpetu. Adquiere la técnica. No te apartes de lo que sabes.

Probablemente des por sentado el hecho de que tienes mucha información especializada que los otros considerarán útil, incluso hasta fascinante. Si no sabes por dónde más comenzar, empieza con una entrada de «Bienvenido a mi blog». Cuenta a tus futuros lectores por qué has iniciado el blog y sobre qué tipo de cosas pretendes escribir. Esta es mi primera entrada de blog, que fue escrita para los empleados de Thomas Nelson Publishers cuando era el gerente ejecutivo.

¡Bienvenidos a mi nuevo blog! — 29 de marzo de 2005

He estado tratando de descubrir una forma de comunicarme con nuestros empleados de un modo regular. Consideré un «Webcast» [video transmitido por la web]. De hecho, hasta grabé uno. Pero, francamente, me pareció forzado y artificial. Terminamos descartando el proyecto.

También consideré enviar un correo electrónico masivo en forma semirregular. Esto, por cierto, tiene sus ventajas. Para empezar, puedo comunicarme con casi todos los empleados sin ninguna iniciativa de su parte. Además, es gratuito.

Sin embargo, después de pensarlo unas semanas y de consultar con algunos de nuestros ejecutivos, decidí escribir un blog (forma abreviada de «Web Log»). Es lo que están leyendo ahora.

Creo que tiene varias ventajas:

1. **Es un medio familiar.** Es diferente de un libro o un boletín, seguramente, pero sigue siendo una publicación. Como empresa, este es un medio que comprendemos. Además, como escritor

---

que soy, es un medio que entiendo; lo que es importante si voy a hacer esto con regularidad. He estado escribiendo otro blog durante varios meses y he disfrutado del proceso. Me permite escribir siempre que quiero, sin la expectativa de que sea a intervalos regulares.

2. **Brinda un mecanismo de retroalimentación.** El correo electrónico también lo hace, por supuesto. Todo lo que hay que hacer es presionar «Responder». Sin embargo, excluye a otros de la conversación a menos que se elija «Responder a todos». Lamentablemente, eso generaría cientos de mensajes de correo electrónico ya que estaría enviando el original a más de 600 empleados. En cambio, este blog permite comentarios (ver debajo de esta entrada). Hasta se puede entrar un comentario anónimamente si se desea.

3. **Brinda un archivo de comunicaciones.** Esta característica te permite ponerte al día si has perdido algunas de mis entradas. Creo que también podría ser útil para los empleados nuevos, ya que les permitiría leer las entradas que les interesen siempre que tengan la oportunidad y el interés.

4. **Puede alentarlos a comenzar su propio blog.** Mi esperanza es que varios empleados comiencen su blog. Muchas empresas están haciendo esto, incluida Microsoft. Tienen más de 1,000 empleados que *bloguean*. Es una gran forma de alentar la comunicación dentro de la compañía. También es una gran manera de hacer que el mundo exterior sepa lo que sucede dentro de una empresa como la nuestra. También puede ser un modo sutil de promocionar nuestra firma y nuestros productos.

5. **No es costoso.** TypePad, el servicio de blog que uso, cobra solo $4.95 por mes. Es difícil superar eso. Si estás interesado en escribir tu propio blog, TypePad te ofrece una prueba gratuita por treinta días.

> Así es como anticipé el funcionamiento. Periódicamente escribiré una nueva entrada. Podrían ser varias por semana o una por mes. Con honestidad, no puedo predecir la frecuencia. Más allá de eso, enviaré un correo electrónico a todos cuando lo haga, para alertarlos de que he ingresado una nueva entrada. A partir de allí, depende de ustedes.
>
> Por favor, bríndenme retroalimentación, quiero escuchar «lo bueno, lo malo y lo feo». Si no están de acuerdo conmigo o quieren darme una perspectiva alternativa, ¡adelante! Si se sienten incómodos usando su nombre verdadero, usen un seudónimo. Lo importante es que me digan lo que están pensando.

5. Considera usar un software fuera de línea. Esto no es una necesidad, pero hará que escribir tu blog sea mucho más fácil. Un *software* para blog fuera de línea es como un procesador de palabras para blogs. Te permite escribir cuando no estás en línea y luego subir tu entrada cuando te conectas a Internet. Puedes también programar entradas para que corran en un día y hora específicos, que es una función muy útil cuando tienes una agenda muy ocupada o es probable que salgas de vacaciones. Los dos más populares son BlogJet[2] (para Windows) y MarsEdit[3] (para Mac). Cuando pasé a MarsEdit, nunca pude volver.

6. Agrega todos los adornos. La mayoría de los blogs te permiten entrar los libros que estás leyendo, los discos que te gustan y muchas otras listas. TypePad[4] está especialmente capacitado para esto. También puedes incorporar servicios de terceros como MailChimp,[5] AWeber,[6] FeedBlitz[7] o FeedBurner.[8] Estos permiten que tus lectores se suscriban a tu sitio e incluso reciban un correo electrónico siempre que subes una nueva entrada. La mejor manera de tener una idea de qué está disponible es leer los blogs de otras personas y tomar nota de lo que te gusta.

7. Publicita tu blog. Vas a querer estar seguro de que estás mandando información a los principales sitios de rastreo. La mayoría de los servicios de blog maneja esto automáticamente, al igual que el *software* para blog fuera de línea. No te preocupes si no entiendes este proceso. No tienes que comprenderlo para usarlo. Esta es una explicación simple.

Por lo general, tu servicio o tu *software* envían una notificación a los sitios de rastreo para alertarlos acerca de que has hecho una nueva entrada. Si tu *software* no te permite esto, puedes hacer uso de Ping-o-matic.[9] Este es un servicio superfácil que envía información a dieciocho servicios diferentes. Lo único que tienes que hacer es entrar la dirección de tu blog siempre que haces una nueva entrada.

8. Escribe regularmente. Este es el mejor consejo que puedo darte para construir una masa de lectores. Si a la gente le gusta lo que escribes, volverán. Si no hay nada nuevo para leer, terminarán por perder interés. Así que, cuanto más regularmente escribas, más crecerá el número de lectores. Sugiero que programes el tiempo para escribir. No va a surgir solo.

Crear un blog es la parte fácil; lo difícil es el trabajo constante. Una vez que desaparece el entusiasmo inicial, es difícil seguir escribiendo. La mayoría de los aspirantes a *blogueros* suben cada vez menos hasta que simplemente dejan y abandonan su blog. En un punto, se trata de hacer un compromiso y atenerse a él.

Finalmente, sugeriría que seas paciente contigo mismo. Escribir es como cualquier otra cosa. Cuando más lo haces, más mejoras. Si tienes un poco de talento y eres perseverante, finalmente lograrás el ritmo y lo disfrutarás.

Si bien Twitter y Facebook pueden ser eficaces cuando se trata de llevar gente a tu blog, es el blog en sí mismo el que construirá principalmente tu plataforma. Tómatelo en serio ¡y rendirá sus frutos!

VEINTIUNO

Crea el contenido tú mismo

Hace unos años, di un seminario sobre blogs en una feria comercial. Asistió el director general de una de las empresas más grandes de la feria. Después, se acercó a mí y se presentó. Me preguntó si podía desayunar con él la mañana siguiente. «Por supuesto», le dije.

De modo que nos encontramos la mañana siguiente. Me preguntó: «¿Cómo comienzo a escribir un blog?». El corazón me dio un salto. Sabía que tendría una audiencia inmediata. A mí, por empezar, me habría encantado leer lo que tenía para decir. Imaginé todo tipo de cosas que podía aprender de él.

Luego hizo añicos mis ilusiones.

—¿Quién es el escritor fantasma de su blog? —me preguntó.

—¿Perdón? —me atraganté.

—Quiero decir, ¿a quién usa para que le escriba el blog? ¿Podría contratarlo o podría recomendarme a alguien que sea realmente bueno?

Honestamente, no podía creer lo que estaba oyendo. El tipo obviamente no entendió nada.

—No uso un escritor fantasma —exclamé—. Escribo palabra por palabra.

—Ah, yo no podría hacer eso —dijo—. No tengo tiempo.

Sin pensarlo, dije:

—Entonces, es mejor que no lo haga directamente.

Sigo sintiendo lo mismo. Se puede contratar a un escritor fantasma para escribir un libro. Incluso se puede contratar a alguien para escribir una página de opinión ocasional o un artículo de revista. Por lo general, nadie se dará cuenta a menos que decidas revelarlo.

Pero no es así con los blogs. Y especialmente no es así con Twitter. Si lo intentas, te descubrirán. Tus lectores lo sabrán. Serás considerado un «presumido», alguien que pretende ser lo que no es. Y, créeme, se correrá la voz. Al final, harás un daño irreparable a tu marca personal.

He visto esta tendencia de escritores de blog y de Twitter fantasmas en escritores, artistas y otras celebridades. Olvida el hecho de que el blog tiene más de una década y que Twitter ya es un medio maduro. Ahora que estos y otros medios sociales ya han entrado en la corriente tradicional, nadie quiere quedarse afuera. Todos están saltando a bordo.

Lo que algunos de estos nuevos convertidos no entiende es que los medios sociales funcionan bien solo si la comunicación es personal, auténtica y casi inmediata. Esto es lo que quiero decir:

1. **Personal.** Aunque la gente no te conozca, puede decir si eres tú el que está escribiendo. Podrías engañarlos por un tiempo, pero el blog y el *tuit* requieren que expreses tu personalidad. Si no lo haces, los lectores perciben que algo no está del todo bien.

2. **Auténtico.** La gente solo confiará en ti si estás dispuesto a correr el telón de tu vida y permitirles que echen un vistazo. Por supuesto, esto es útil para toda forma de comunicación. Conecta a la gente de un modo poderoso. Pero es esencial en el blog y en Twitter. Debes estar dispuesto a compartir quién eres.

3. **Inmediato.** El blog y Twitter suponen un diálogo. Logras introducir un tema y hasta puedes moderarlo, pero se espera que participes en la conversación en desarrollo. Como resultado, debes responder algunos comentarios del blog y a la mayoría de las respuestas y mensajes directos de Twitter.

Todo esto exige tu participación personal. No puedes contratar a alguien que lo haga. No puedes fingirlo. Si no estás dispuesto a hacer esta inversión personal, ni te molestes. No vas a engañar a nadie.

VEINTIDÓS

Usa una plantilla para las entradas de blog

A menudo me preguntan si uso una especie de plantilla cuando escribo una de mis típicas entradas de quinientas palabras. La respuesta es sí.

De hecho, uso una plantilla para entradas de blog. No es nada más que un esbozo genérico que sigo en la mayoría de las entradas. No lo sigo ciegamente, pero siempre comienzo con eso. Incluye todos los elementos que he aprendido para hacer una entrada eficaz. También me ayuda a escribir más rápido porque me brinda una pista donde correr.

Mi plantilla para entradas de blog consta de cinco componentes:

1. **Primer párrafo.** Es la clave. Si te demoras demasiado en el inicio perderás lectores. Tienes que ir directo a la premisa de la entrada y hacerla relevante para tus lectores. Después del título, es el segundo componente de tu entrada en importancia.

2. **Imagen relevante.** Los *blogueros* deberían usar imágenes por las mismas razones que lo hacen las revistas: para atraer lectores a la entrada misma. Las imágenes logran eso. Obtengo el 90% de las mías en iStockPhoto.com.[1] En ocasiones, uso una captura de pantalla o inserto un video o una presentación de diapositivas.

3. **Experiencia personal.** Siempre trato de compartir una experiencia personal. Cuanto más honesto y transparente seas, mejor. ¿Por qué?

Porque los lectores se conectan con las historias. De hecho, mis entradas más populares suelen ser aquellas que presentan la historia de algún fracaso de mi parte.

4. **Cuerpo principal.** Todo hasta este punto ha sido una introducción. Trata de hacer que el contenido principal se pueda leer rápidamente. Yo uso viñetas, listas numeradas y a menudo ambas cosas. Esto hace que el contenido sea más accesible para los lectores y más compartible vía Twitter y Facebook.

5. **Pregunta de discusión.** En los últimos años, he terminado todas las entradas con una pregunta. Mi intención no es que mis entradas sean un monólogo. Por el contrario, quiero comenzar una conversación. Como resultado, mido mi efectividad en esto con la cantidad de comentarios que obtengo.

También sigo algunas reglas generales cuando escribo mis entradas:

- **Haz entradas breves.** Apunta a quinientas palabras. Para aquellos de nosotros que tendemos a ser demasiado exhaustivos, esto suele significar que tenemos que escribir la entrada y luego volver y acortarla.

- **Usa párrafos cortos.** Trata de atenerte a tres o cuatro oraciones por párrafo. Si son más, el contenido se ve demasiado denso. Los lectores abandonarán el intento y pasarán a otra cosa. (Nota cómo los periódicos suelen seguir esta regla.)

- **Mantén las oraciones cortas.** Como regla general, trata de evitar oraciones complejas. El punto da a los lectores un corte natural, y una sensación de progreso cuando pasan un mojón detrás de otro. Para citar un axioma de la redacción publicitaria, las oraciones cortas hacen que el texto «se lea rápido».

- **Usa palabras simples.** Me encanta la lengua, por eso, suelo verme tentado de usar grandes palabras. Sin embargo, he aprendido a evitar esto. La meta es comunicar, no impresionar a los lectores con el vocabulario.

- **Brinda vínculos internos.** No puedes decir todo en una entrada, de modo que debes vincular con otras en las que hayas desarrollado una idea con más detalle. Esto tiene la ventaja agregada de aumentar las vistas de tu página y el tiempo de sesión. Creo que es en verdad útil para los lectores.

Aunque tu plantilla sea diferente, vale la pena esbozarla y ajustarla a medida que vas poniendo a punto tus habilidades de redacción. Te permitirá escribir más rápido y con más eficacia.

VEINTITRÉS

Mantén una lista de ideas para entradas

El temido bloqueo del escritor nos aflige a todos cada tanto. Eventualmente tendrás que luchar con él. En ocasiones, tengo un período bueno de varios días, en los que las ideas parecen fluir sin esfuerzo. Pero esto es raro: la mayoría de las semanas, me bloqueo al menos una o dos veces.

Entonces, ¿qué puedes hacer? Parece casi demasiado obvio mencionarlo, pero deberías tener una lista de tus ideas, las que se te ocurren cuando no tienes tiempo de seguirlas, como cuando vas conduciendo al trabajo. Yo mantengo una lista en Evernote y la consulto con regularidad.

Pero si tu lista de ideas es pequeña, necesitas detonadores de ideas. Aquí tienes trece de ellos. Te los ofrezco como posibilidades para encender el fuego cuando tu cerebro está húmedo. (Si resulta que eres un novelista, consulta el Apéndice B donde hay consejos especializados.)

1. **Cuenta una historia personal.** Esto funciona casi siempre, porque aprovechas el poder de tu narrativa personal. Es particularmente bueno si se trata de una historia dramática y te sientes libre para ser transparente. Es útil si puedes concluir con una o dos lecciones que hayas aprendido.

   Man of the House, un blog de Proctor & Gamble especialmente para hombres, tiene algunos excelentes ejemplos. Uno de sus *blogueros*, James Pilcher, escribió acerca de cómo dijo a su familia que había perdido el trabajo. «Nunca lo olvidaré mientras viva... Estaba tan enojado, herido, asustado y vulnerable como nunca había estado». Pilcher continuó dando muy buenos consejos para los que se enfrentaban con esa situación.[1]

2. **Describe un acontecimiento histórico.** Esto es muy parecido a usar una historia personal. La historia está llena de grandes relatos. Es una de las razones por las que casi siempre estoy leyendo un libro de historia o una biografía de algún tipo. Una vez más, puedes hacer el relato y transmitir las lecciones.

Erin Glover hizo esto de un modo bastante eficaz, por ejemplo, cuando escribió un blog para el *Disney Parks Blog*, relatando los hechos principales del estreno de *Blanca Nieves y los siete enanitos* en el año 1937. La noche del estreno, con las localidades agotadas, tuvo lugar el 21 de diciembre de ese año en el Carthay Circle Theater.

El blog de Glover, escrito el mismo día setenta y cuatro años después, estaba lleno de imágenes históricas de la gran noche, en la que más de treinta mil fanáticos se reunieron fuera del teatro solo para ser parte del evento. ¿Lo sustancial del blog de Glover? Estaba comenzando a hacer correr la voz de la apertura del Carthay Circle Theatre que iba a producirse el año siguiente en el California Adventure Park de Disney.[2]

3. **Reseña un libro, una película o un programa de software.** Esta es una excelente manera de compartir algunos de los recursos que has encontrado y por qué te parecen importantes. También puede ayudar a tus lectores a evitar productos o experiencias que no fueron tan útiles. ¿Cuáles son algunos de tus recursos favoritos?

4. **Comenta una cita poderosa.** No puedo leer un libro sin subrayar los pasajes que me impresionan. En ocasiones, los reviso y entro las citas que separé. También, cada tanto, entro la cita y comento por qué la considero significativa.

5. **Deja que un gran fotógrafo te inspire.** Detrás de toda gran foto hay una historia. Tal vez la conozcas, a lo mejor, no. Más allá de eso, puedes encontrar una en la imagen. Algunas de las mejores se encuentran en Flickr.com.[3] Puedes usarlas de acuerdo con una licencia de Creative Commons.[4]

6. **Comenta algo que apareció en las noticias.** Puede tratarse de algo global o algo específico de tu industria. Si eres un líder innovador, o

estás tratando de establecerte como tal, esta es una excelente manera de hacerlo.

7. **Informa acerca de una conversación interesante.** Me encuentro con mucha gente interesante. Apuesto que tú también. A algunas las conozco del trabajo; otras de mi vida social. Más allá de eso, es raro que pase una semana en la que no me sienta estimulado por una conversación que he tenido. ¿Por qué no hacer una entrada con eso? Ten cuidado de no revelar algo que no debes. Para proteger la privacidad de otros, debes cambiar los nombres o alterar ligeramente las circunstancias.

8. **Brinda una explicación paso a paso de cómo hiciste algo.** Cuando presentas cinco pasos para hacer esto, o cuatro estrategias para aquello, la gente lo devora con avidez. Creo que todos nosotros tenemos una necesidad de ayuda práctica y concreta con los ítems que nos interesan.

9. **Brinda una lista de recursos.** Esta es una gran manera de devolver algo a tu industria o tu comunidad. Es fácil dar por sentado lo que sabes. Probablemente tengas una información invalorable y otros morirían por tener acceso a ello. Las listas de recursos son una gran forma de generar tráfico.

10. **Responde las preguntas de tus lectores.** Mis lectores hacen algunas de las mejores preguntas. A veces me las envían por correo electrónico. A veces las ponen entre los comentarios de una entrada antigua. A menudo, simplemente me la *tuitean*. Supongo que si una persona tiene esa pregunta, otros pueden tenerla también. Al responderla, demuestras que estás escuchando.

11. **Simplifica una tarea aparentemente compleja.** Hay un gran público para cualquiera que pueda simplificar cosas complejas. Brinda un modelo conceptual, un resumen o una introducción a algo que das por sentado.

12. **Explica lo que motiva una decisión.** La gente inteligente quiere saber por qué haces lo que haces. Eso es lo que hace a alguien interesante. Puedes explicar los motivos detrás de casi cualquier decisión que has tomado, y será ilustrativo para otros.

13. Escribe una guía para algo popular. Esto funciona especialmente para los temas tecnológicos: cualquier cosa que haga sentir abrumada a la gente. He escrito instrucciones para las redes sociales, cómo dominar el correo electrónico y cómo crear un plan de vida. La clave es suponer que el lector no sabe nada del tema.

La próxima vez que te bloquees, quizás quieras revisar tu lista de ideas y estas sugerencias. A veces, lo único que se necesita es una chispa que reinicie el fuego.

Escribe las entradas más rápido

Si eres como la mayoría de los *blogueros*, estás tratando de buscarle espacio a la redacción de las entradas en medio de tu trabajo, tu familia y otras mil actividades. Puede resultarte difícil ser consistente.

Después de escribir más de mil doscientas entradas, he mejorado y me he vuelto más rápido con la práctica. Ahora, en promedio, tardo entre sesenta y setenta minutos para escribir y dar forma a una sola entrada. Pensé en compartir once de los trucos que uso para escribir de un modo más eficiente.

1. **Comienza la noche antes.** Investigaciones realizadas por la Escuela de Medicina de la Universidad de California en San Diego muestran que el sueño de Movimientos Oculares Rápidos (sueño REM, por su sigla en inglés) aumenta directamente el procesamiento creativo más que cualquier otro estado durante el sueño o despierto.[1]

   Da buen uso a esta información procesando las ideas para tu blog durante la noche. Trato de determinar sobre qué voy a escribir al día siguiente, antes de acostarme. Esto permite que mi cabeza comience a vincularse con el tema por anticipado. Es como poner una carne en una cacerola de cocción demorada y dejarla cocinar a fuego muy lento durante toda la noche.

2. **Usa los períodos de inactividad para pensar.** Un período de inactividad no significa no hacer nada. Al contrario. Puedes introducir «tiempo para pensar» en muchas de tus rutinas activas normales. Por ejemplo, yo corro o hago ejercicios durante sesenta minutos casi todas las

mañanas. Durante ese tiempo, escucho un libro en audio durante treinta minutos. A menudo, esto me brinda materia prima para futuras entradas. Luego lo apago y simplemente pienso. Me concentro principalmente en lo que voy a escribir ese día. Por lo general, creo mi premisa fundamental y la esbozo en la cabeza. Trata de usar los períodos de inactividad de tus viajes diarios para pensar, y esto hará que tu tiempo para conducir sea un activo invalorable.

3. **Ponte fuera de línea.** Cuando llega el momento de escribir, desconéctate. No puedes estar completamente fuera de línea porque tienes que poder usar Internet para investigar. Pero no tienes que chequear el correo electrónico, Twitter o Facebook. Entra en Anti-Social.[2] Este pequeño programa te permite apagar el correo electrónico y todas tus redes sociales. No puedes volver a ellos sin reiniciar la computadora. Si eres usuario de PC, Cold Turkey[3] cumple una función similar.

4. **Pon un poco de música.** Hace años descubrí que cierto tipo de música me concentra. Tengo una lista de música en iTunes que llamo «Música de fondo para escribir». Consiste principalmente en bandas sonoras de películas como *Antes de partir*, *Seabiscuit* y *El señor de los caballos*. También ocasionalmente escucho Lifescapes Music.[4]

5. **Pon un cronómetro.** Si sueles ser competitivo contigo mismo y con otros, úsalo para tu provecho. Ayúdate a comenzar y a evitar distracciones poniendo un cronómetro que suene cada setenta minutos. Crea una sensación de urgencia. Soy muy competitivo conmigo mismo, y me engancho de inmediato en correr contra el reloj para terminar.

6. **Usa una plantilla.** Como mencioné en un capítulo anterior, esto también ayuda. Uso una fórmula basada en el método SCORRE, enseñado por Ken Davis en la Conferencia SCORRE.[5] (Si no has asistido a esta conferencia, ponlo en tu lista de pendientes. Es una de las mejores cosas que he hecho profesionalmente.) Comienzo con una plantilla Evernote y luego hago la redacción en ByWord,[6] un procesador de palabras básico.

7. **Crea un esbozo.** En caso de que no lo hayas notado, me gustan las listas. Las listas hacen que las entradas no solo se lean más fácilmente, sino que los lectores las digieran con más facilidad. También facilita la

redacción. Si tienes la visión general antes de comenzar, se convierte casi en un ejercicio de llenar los blancos.

8. **Escribe sin corregir.** No trates de escribir y corregir al mismo tiempo. Si lo haces, te volverás loco. Peor aun, no avanzarás demasiado. Escribir es principalmente una función del cerebro derecho. Corregir es una función del cerebro izquierdo. Pasar de uno a otro hemisferio te hace perder velocidad. En realidad, no adquieres el ritmo que deberías tener. Por el contrario, escribe de manera continua sin detenerte.

9. **Ahora corrige y da el formato.** Una vez que tengas un primer borrador, comienza el proceso de corrección. Relee tu entrada unas cuantas veces, limpiando los errores de ortografía, gramática y sintaxis. También trata de acortar todo lo que puedas. Usa palabras simples, oraciones cortas y párrafos breves. Esta es una de las cosas más importantes que pueden hacer que tus entradas se lean más rápidamente.

10. **Agrega gráficos, vínculos y metadatos.** Una vez que estoy satisfecho con mi entrada, copio todo de ByWord y lo pego en MarsEdit.[7] (Este es mi *software* para blog fuera de línea.) Allí le agrego los elementos gráficos, por lo general una sola foto de iStockPhoto.com.[8] Además, agrego vínculos internos y externos y los metadatos importantes (por ejemplo, categoría, descripción de la entrada, palabras clave).

11. **Publica un borrador.** Cuando estoy listo, pongo la fecha y la hora de publicación en MarsEdit y publico la entrada. Técnicamente esto crea una entrada programada. No estará en mi sitio hasta la fecha y hora señalada. Ahora voy a mi panel de administración de WordPress y hago correr la entrada a través de Scribe,[9] un programa que analiza mi contenido y ofrece sugerencias para hacerlo más simple para los motores de búsqueda. Una vez que estoy contento con el puntaje (siempre apunto al 100%), actualizo la entrada. ¡Terminé!

A veces tardo un poco más que setenta minutos. A veces menos. Pero considero que logro escribir más cuando me concentro en estos breves plazos de entrega que cuando no lo hago. Esta sensación de avance me alienta a escribir más.

Crea entrevistas en video

Los videos son una forma rápida de mantener a los lectores involucrados con tu blog. Como editor de libros, he subido entrevistas de video con autores, entre ellos Todd Burpo, Guy Kawasaki y Scott Schwertly. Creo que es más interesante que leer una entrevista por escrito. Ambas tienen su lugar, pero el video brinda una perspectiva única del libro desde el punto de vista ventajoso del autor.

Más recientemente subí un video sobre cómo usar Google Reader para mantenerte al día con tus blogs favoritos. A veces es mucho más eficaz mostrar, que decir.[1] Veo muchos videos sobre cómo hacer cosas cuando estoy tratando de aprender algo.

Las videoentrevistas son muy fáciles de hacer. Puedes grabar el video, editarlo y escribir la entrada en una hora o menos (incluyendo el tiempo que tardas en preparar lo que dirás). Es un uso eficiente de tu tiempo.

Estos son los pasos que suelo dar para entrevistar a alguien. Para otro tipo de videos, empieza en el paso 6:

1. **Programa la entrevista de video.** Pídele a la persona que estás entrevistando un bloque de treinta minutos para la llamada. (Si todo funciona bien en ambos lados, deberías terminar en quince minutos.) Confirma que tenga instalado Skype, y pídele su nombre de usuario. Luego asienta la llamada en tu agenda e incluye su nombre de usuario de Skype en las notas.

2. **Prepárate para la entrevista.** Esto variará según qué estés grabando. Como entrevisto escritores, esto significa leer sus libros. Los subrayo y los marco a medida que leo. Escribe una lista de cinco a siete preguntas

que planeas hacer. Luego exhibe estas preguntas en un procesador de textos directamente debajo de tu cámara web.

3. **Envía las preguntas a la persona que vas a entrevistar.** Algunos prefieren responder en vivo, sin preparación. Otros quieren prepararse. Independientemente de esto, envía las preguntas y cualquier otra cosa necesaria para ayudar a que la persona se prepare. Cuando entrevisto a escritores, por ejemplo, después de la pregunta incluyo una página de referencia en el libro que estamos comentando, para simplificarles las cosas. También confirmo la fecha de la llamada.

4. **Llama a la persona a través de Skype.** Usa el Call Recorder de Skype[2] para grabar el video y el audio. Mis características preferidas, accedidas a través del panel de preferencias de Skype, son las siguientes:

Nota que en las opciones de grabación: Record Video está configurado en «Split Screen».

5. **Graba la entrevista de video.** Asegúrate de que ambos están listos y luego aprieta el botón para grabar en Call Recorder. Trata de mirar a la cámara web lo más que puedas, aunque te sientas tentado de mirar la imagen de la persona que estás entrevistando. Cuando hayas terminado, apaga el grabador. La llamada se guardará en la carpeta que designaste al configurar tus preferencias.

6. **Edita el video con tu programa favorito.** Puedes usar algo tan simple como QuickTime Pro.[3] Yo uso iMovie. Por lo general, no edito nada en el cuerpo del video. Simplemente recorto el comienzo (cuando nos estamos preparando) y el final. También inserto una introducción y una despedida al principio y al final. Estas fueron creadas profesionalmente por Duarte Design.[4] Uso un simple fundido como transición entre cada elemento.

7. **Súbelo a tu sitio favorito para compartir videos.** Yo lo subo directamente a Vimeo desde iMovie. También puedes subirlo a YouTube o incluso a Facebook. Configura el video a la opción para que el video sea «personal». Querrás volver a verificarlo en el sitio de YouTube antes de sacarlo al mundo. (Una vez que estás contento con los metadatos y las imágenes reducidas, cambia la configuración en YouTube a «público».)

8. **Incorpora un vínculo al video en tu blog.** Esto variará según tu plataforma de blog y el *software* que uses para acceder a ella. Yo lo hago con un código desde dentro de MarsEdit, mi *software* para blog. Tengo la codificación configurada para hacerlo apretando una sola tecla. Escribe una entrada breve sobre el video, para presentarlo. Si grabaste una entrevista, incluye las preguntas que hiciste a la persona. Esto ayudará a atraer público al video.

Además de esto, envía un vínculo de avance de la entrada a la persona que entrevistaste antes de que figure en el blog. (Hago esto con WordPress usando un *plugin* llamado Public Post Preview.[5] Esto me permite darle un vínculo para que vea la entrada antes de que sea publicada.)

En líneas generales, es un proceso bastante directo. Crea cierta variedad en tu entrega de contenidos y da a tus lectores una perspectiva que podrían no obtener de otro modo.

VEINTISÉIS

No contrates a un corrector de pruebas

Si haces entradas frecuentes, inevitablemente recibirás algunos correos electrónicos de lectores que han encontrado erratas en ellas. La mayoría de los que se comunicaron conmigo se esforzaban por disculparse por sacar el tema. Más allá de eso, siempre sé agradecido. Corrijo el error, agradezco al lector y sigo adelante.

Sin embargo, en ocasiones recibirás un correo electrónico de un miembro autodesignado de la Policía Gramática. Esta persona se siente compelida no solo a señalarte los errores, sino a reprenderte.

Por ejemplo, alguien hace poco me escribió esto:

> Debería sentirse avergonzado. ¿Cómo puede ser un editor de libros y permitirse semejantes errores vergonzosos en su blog? Me decepciona su falta de compromiso con la excelencia. Disminuye el concepto que tengo de su empresa. Por favor: ¡háganos un favor y contrate un corrector de pruebas!

¡Doy gracias de no estar casado con esta persona!

¿Deberías contratar a un corrector para tus entradas de blog? En mi opinión, no. Estas son las razones:

1. **Demorará los «envíos».** Puedes revisar tu redacción hasta que quede perfecta (una ilusión, por otra parte), o puedes publicarla y pasar a otra cosa. El perfeccionismo es la madre de la postergación.

2. Los blogs no son libros. Si tienes un error en un libro, es permanente... al menos hasta la siguiente edición. No pasa lo mismo con los blogs. Se pueden hacer correcciones al vuelo y volver a publicar la entrada de inmediato.

3. Ni los correctores descubren todas las erratas. Los editores de libros usan habitualmente muchos correctores en cada libro. Sin embargo, no pescan todo. Esos molestos errores pequeños se ocultan en las sombras y solo aparecen una vez que el libro está impreso. ¿Cuánta corrección es suficiente? La mayoría de nosotros no puede darse el lujo de la perfección.

Creo que el mejor enfoque es tratar de mantenerse concentrado en la escritura y en el producto. Saca a la luz las entradas. Cuanto más escribes, más mejoras.

Obviamente, antes de subirla, querrás leer la entrada varias veces. El siguiente proceso funciona bien:

- Léela dos veces después de haberla escrito.
- Léela una vez en voz alta.
- Publícala como borrador y léela una vez más en el blog.

Algunos errores seguirán deslizándose por las grietas. Pero en algún punto, es el momento de apretar el botón «Publicar» y terminar con el tema.

A partir de allí, tus seguidores se ocuparán de ser tus correctores. A tus lectores regulares les encanta. Usa tu tiempo para generar contenido y agregar valor, en lugar de obsesionarse con cada errata, error gramatical o de ortografía.

Protege tu propiedad intelectual

Es inevitable. Si tienes éxito como *bloguero*, la gente va a robarte el contenido, conocido también como *propiedad intelectual*. Es como cuando alguien trata de robarte parte de tu base, y no es una experiencia agradable. Te despiertas una mañana y Google Alert te notifica que tu nombre fue mencionado en otro blog.

Maravilloso, piensas, *me encanta la publicidad gratuita. Sé además que los vínculos entrantes aumentan mi calificación en los motores de búsqueda.*

Luego haces un clic en el vínculo para leer la entrada. Con horror descubres que otro *bloguero* ha repetido tus entradas de blog, palabra por palabra.

Esto me ha ocurrido varias veces. Cada una de ellas, me quedé sin aliento. Me sentí vulnerado. Pienso: *¿Paso una cantidad considerable de tiempo creando esa entrada y otro la vuelve a publicar sin mi autorización?*

¿Qué puedes hacer?

En primer lugar, respira. No es el fin del mundo. Como escritor, tu mayor problema es la oscuridad, no la piratería. El hecho mismo de que alguien haya considerado tu trabajo para publicarlo en su propio blog significa que lo valora. Antes que nada, debes tomarlo como un halago.

Hay ocho formas de proteger tu propiedad intelectual en línea. Si sigues estos pasos, se reducirán drásticamente las posibilidades de que tu contenido sea robado. También te brindan una estrategia para solucionar el tema una vez que ocurre.

1. Entiende la ley de *copyright*. Tu entrada está protegida desde el momento en que la creas. No tienes que registrarla. Es tu propiedad intelectual y nadie puede reproducirla legalmente. Así son las cosas, la ley solo protege la *expresión* de tu idea, no la idea en sí misma. Si alguien escribe sobre tu entrada en sus propias palabras, eso es perfectamente legítimo. De hecho, deberías sentirte agradecido. Considéralo como publicidad gratuita.

2. **Publica un aviso oficial de *copyright*.** Esto no es obligatorio para proteger tu trabajo, ni te otorga derechos adicionales. Sin embargo, le recuerda al mundo que es tu propiedad intelectual. Eres el dueño. Usar un aviso de *copyright* (por ejemplo, «© 2012, Michael Hyatt») puede servir también como disuasión. Yo lo pongo en el pie de mi blog, para que aparezca en la parte inferior de cada página.

3. **Crea una política de autorizaciones explícita.** Crea una página separada en la que explicites exactamente lo que la gente puede hacer con tu contenido. Dividí mi Política de Autorizaciones[1] en dos secciones: lo que otros pueden hacer sin mi autorización y lo que pueden hacer con mi autorización. (Ver también el capítulo 55 «Desarrolla una política de comentarios».) Sé explícito. Esto evitará que la gente se contacte contigo cada vez que quiera usar tu contenido, pero también dará una norma publicada a la que referirse cuando alguien la viole.

4. **Otorga el beneficio de la duda.** No todos los que publican tu contenido lo hacen con malicia. En mi experiencia, la mayoría de la gente simplemente desconoce la ley. No están vulnerando intencionalmente tus derechos. Por lo general, son fans que están entusiasmados con tu trabajo y quieren compartirlo con sus lectores. Solo están desinformados sobre la ley de *copyright* y tienen que informarse.

5. **Pide que tu entrada sea retirada.** Puedes hacerlo por correo electrónico (preferentemente) o en un comentario. No obstante, sé cortés y asume que los motivos del usuario no autorizado son buenos. No apagues su entusiasmo. Quieres que siga promocionando tu trabajo, solo no quieres que vulnere tus derechos. Yo empiezo agradeciéndole por haber publicado mi entrada pero, educadamente, le explico que en realidad es algo ilegal. Luego le señalo mi política de autorizaciones y le sugiero que suba un extracto. En todos los casos, la gente se ha disculpado conmigo y ha satisfecho mi requerimiento. (Tu experiencia puede ser distinta.)

6. **Exige que el usuario no autorizado baje tu contenido.** Nunca he llegado tan lejos en el mundo en línea con mi propio contenido. Sin embargo, si el infractor no responde bien al último paso, tendrás que pasar de pedir a exigir. Haces eso mandando una «carta de exigencia» (o un correo electrónico), insistiendo en que saque el contenido. Aun en este caso, sigo siendo educado (al menos la primera vez), suponiendo que simplemente no comprende la gravedad de la situación.

7. **Notifica al servicio de hospedaje del infractor.** Si sigues sin lograr que el infractor coopere, tienes que investigar un poco. Descubre su «Registro WhoIs», con una herramienta como DomainTools.[2] Esta te mostrará su información de registro de dominio, incluso quién aloja el sitio. Luego envía un correo electrónico al servicio de hospedaje. Por lo general es una dirección que dice abuse@[el nombre del servicio de hospedaje]. Dile que estás pidiendo que se baje contenido del sitio web y explica por qué. Los servicios legítimos investigarán y, si están de acuerdo, enviarán su propia exigencia al infractor. Si no la cumple, ellos bajarán directamente el sitio.

8. **Contrata un abogado para iniciar acciones.** Si el proveedor de servicio es turbio, incompetente o está en el exterior, quizás necesites contratar un abogado que te represente. Tienes que considerar el costo del litigio versus el daño que crees haber recibido. Puede rápidamente volverse muy costoso y no hay garantías de éxito. Los verdaderos piratas son sumamente elusivos y pueden desaparecer y reaparecer en línea más rápido de lo que tardas en atravesar el proceso judicial.

Lo último que te dejo respecto de este tema es esto: no dejes que el árbol te tape el bosque. En otras palabras, no prives a tu legítimo público —la vasta mayoría de tus lectores— de tu contenido solo porque una persona ocasional ha violado tus derechos de autor. No vale la pena. Como dije al comienzo, tu principal problema como escritor es la oscuridad. Cuanta más gente reproduzca tu contenido, más gente lo verá. En última instancia, esto te beneficiará.

Evita los errores comunes
en los blogs

Suponiendo que quieras aumentar tu tráfico de blog, hay ciertos errores que debes evitar para tener éxito. Si cometes estos errores, tu tráfico nunca ganará impulso. Peor, puede alcanzar una meseta o comienza a disminuir.

¿Cómo lo sé? Después de escribir más de mil doscientas entradas y recibir casi cien mil comentarios, he cometido la mayoría de los errores que se pueden cometer... varias veces. Como resultado, surgieron ciertos patrones.

Estos son los diez principales asesinos del tráfico:

1. **No subes entradas con suficiente frecuencia.** Los *blogueros* aficionados pueden pasar semanas sin entradas nuevas. Pero la frecuencia es lo que separa a los hombres de los niños... o a las mujeres de las niñas. Como ya he enfatizado, no puedes construir un tráfico sólido sin entradas frecuentes. He visto una y otra vez (a través de Google Analytics) que hay una correlación directa entre frecuencia y tráfico. Cuanto más subo —dentro de lo razonable—, mayor es mi tráfico.[1]

2. **Subes entradas con demasiada frecuencia.** Sí, esto también es posible. La gente no tiene que tener noticias tuyas más de una vez por día... a menos que sea un blog grupal o un sitio de noticias. Sería mejor que te concentraras en escribir una entrada realmente buena por día en lugar de varias mediocres. El punto es encontrar tu frecuencia ideal. Para mí, es cuatro a cinco entradas por semana.

3. **Tu entrada es demasiado larga.** Seth Godin es el maestro de las entradas cortas, concisas. Suelen estar en el rango de las doscientas a cuatrocientas palabras. Yo apunto a menos de quinientas. Pero a menudo subo seis a setecientas palabras. A veces más. Puedes salirte con la tuya si tu entrada es de fácil lectura, es decir, si usas subtítulos, listas y otros recursos que permiten que la gente circule por tu contenido. Si una entrada comienza a ser demasiado larga, considera dividirla en varias.

4. **No invitas a involucrarse.** Cuando hablo de involucrarse, me refiero a una combinación de vista de páginas, comentarios de lectores y menciones en los medios sociales. Postrank.com[2] es una herramienta para medir este tipo de compromiso. Las entradas que generan más involucramiento son las controversiales, las transparentes (en especial que tratan sobre fracaso) y/o las de final abierto. Esta es la razón por la que trato de terminar cada entrada con una pregunta.

5. **No participas en la conversación.** Cuando los *blogueros* no participan en la conversación comentando sus propias entradas y respondiendo a sus lectores, es como dar una fiesta en tu casa, hacer una breve aparición y luego desaparecer. En cualquier otro contexto, esta conducta se percibiría como grosera o extraña. Lo mismo ocurre con el blog. La gente quiere conversar... *contigo*.

6. **No haces accesible tu contenido.** Como estoy en el negocio editorial (ahora como asesor en lugar de como gerente ejecutivo), a menudo me preguntan si creo que la gente lee menos. La respuesta simple es no. De hecho, creo que leen más que nunca. Pero leen de un modo diferente. Los lectores tienen una capacidad de atención más corta. Pasan la vista por el contenido, buscando ítems que les interesen.

7. **No creas títulos atrapadores.** Según Brian Clark, que dirige el sitio de lectura obligatoria CopyBlogger,[3] «en promedio, ocho de cada diez personas leerán el titular, pero solo dos de cada diez leerán el resto». Esto significa que los titulares son lo más importante que uno escribe. Por suerte, Brian tiene una serie entera de entradas llamada «How to Write Magnetic Headlines» [Cómo escribir titulares magnéticos].[4] Te sugiero que leas todas las entradas.

8. Tu primer párrafo es débil. Esto es fundamental. Suponiendo que has escrito un gran titular, la gente pasará a tu primer párrafo. Debes usarlo para arrastrarlos al resto de la entrada. Comienza con una historia, una promesa o un hecho sorprendente. La idea es atrapar la atención y retenerla. Muchos *blogueros* pasan demasiado tiempo tratando de armar la entrada o brindando contexto. Ve directo al punto.

9. Tu entrada está lejos de tu marca. Si eres un *bloguero* aficionado, puedes darte el lujo de una entrada ocasional que se aparta de tu mensaje o marca original. Pero si estás tratando de construir una plataforma, tienes que hallar un foco editorial y atenerte a él. Un foco más estricto lleva a un aumento en el tráfico. Esta es la razón por la que he tratado de reducir mi foco a cuatro áreas: liderazgo, productividad, medios sociales y publicación. Si quiero escribir sobre alguna otra cosa (por ejemplo, estado físico), lo hago a través de uno de estos cuatro lentes.

10. Tu entrada se refiere a *ti*. A menos que seas una megacelebridad, a los lectores no les importas. No realmente. Les importan ellos mismos. Quieren saber qué hay allí para *ellos*. Tus historias personales pueden ser una puerta de acceso, pero al final, las mejores entradas tratan sobre las necesidades, los miedos, los problemas o las preocupaciones de tus lectores. Pregúntate siempre: «¿Qué puede llevarse mi lector?».

Hay otros errores también; dudo que esta lista sea exhaustiva. Pero si puedes evitar estos, estarás en camino a aumentar tu tráfico y a hacer crecer tu base de operaciones.

Crea una mejor página personal

Cuando repaso las estadísticas de mi blog, siempre siento curiosidad por saber qué entradas fueron las más populares. Para mi sorpresa, mi página «About»[1] está siempre entre las diez más visitadas.

Antes de embarcarme en el proceso de revisión, no había pensado mucho en esa página. La consideraba como obligatoria, pero no en realidad como una oportunidad. Pero obviamente cualquier cosa que reciba tantos clics es una oportunidad.

Cuando piensas al respecto, tiene sentido. Cuando visitamos un nuevo blog, es una de las primeras cosas que exploramos. Queremos saber más sobre el *bloguero*.

Entonces, ¿cómo puedes hacer una mejor página personal? Aquí van diez sugerencias:

1. **Escríbela en primera persona.** Los blogs son personales; haz que esta página sea personal. No debes escribirla en tercera persona como si otro estuviera escribiendo sobre ti. Es un blog, no un libro. Ree Drummond hace un gran trabajo en hacer que esta página sea cálida e informal en su blog, *The Pioneer Woman* [La mujer pionera]:

> Hola. Soy Ree Drumond, también conocida como La mujer pionera. Soy una esposa granjera moderadamente agorafóbica y madre de cuatro hijos. ¡Bienvenidos a mi frontera!
> Soy una hija del medio que creció en el séptimo *fairway* de un campo de golf en una ciudad corporativa.

Fui un ángel adolescente. No.

Después de la escuela secundaria, pensé que necesitaba ampliar mis horizontes. Fui a la universidad en California, después conseguí un trabajo y usaba zapatos negros de tacón para ir a trabajar todos los días. Comía sushi e iba al pedicuro semirregularmente. Hasta besé a James Garner en un elevador una vez. Lo amé profundamente, a pesar de que nuestra relación solo duró 47 segundos.

Inesperadamente, durante una breve estadía en mi ciudad natal, conocí y me enamoré de un tosco vaquero. Ahora vivo en el medio de la nada en un rancho de cría de ganado. Paso mis días riñendo con los niños, sacando estiércol seco de las botas, lavando pantalones vaqueros y haciendo salsa de carne. No tengo idea cómo llegué aquí... pero ¿saben qué? Me encanta. ¡No se lo digan a nadie!

Espero que disfruten mi sitio web, ThePioneerWomen. com. Aquí, escribo a diario sobre mi larga transición de chica malcriada de ciudad a esposa doméstica de campo.[2]

2. **Escribe en estilo conversacional.** La gente debería tener la sensación de que es tu «voz». Si mis estadísticas son representativas, esta página será la primera que visiten. Supondrán que el estilo de está página es tu forma habitual de escribir.

3. **Comienza con las prioridades del lector.** La mayoría de estas páginas que he revisado están escritas al contrario. Con esto quiero decir que el *bloguero* comienza con su biografía, pasa a sus intereses personales y luego (a veces) llega a lo que puede interesar al lector. Sugiero invertir esto. Comienza con los intereses del lector.

4. **Cuéntales sobre ti.** Esta es la primera cosa que quieres saber como lector. Pero debes resistir la tentación de brindar una biografía completa... al menos al comienzo. Una o dos oraciones son suficientes.

5. **Cuéntales sobre tu blog.** ¿De qué trata tu blog? Trata de reducirlo a un tema. Por ejemplo, mi tema es *liderazgo intencional*. Luego explica sobre qué tipo de cosas escribes. Creo que es mejor limitarte a un puñado de categorías. Cuanto más focalizado sea tu contenido, más lectores atraerás.

La página personal de Kate McCulley en *Adventurous Kate's Solo Female Travel Blog* [Blog de viajes para mujeres solas de la aventurera Kate] brinda algunos datos divertidos de Kate (ha estado en un naufragio y una vez trató de seducir a Jon Stewart; dejó su trabajo para recorrer el mundo) y luego se hunde directamente en su tema:

> Soy una viajera solitaria de corazón, y una de mis metas es mostrar a las mujeres que viajar solas puede ser algo seguro, fácil, barato y muy divertido.
>
> Mientras tanto, me comprometo a mostrarles cómo es el estilo de vida de una viajera de largo plazo y una empresaria en línea. Como cualquiera en el mundo, tengo buenos y malos momentos, pero les prometo mostrarles la realidad... con honestidad y humor.[3]

6. **Establece sus expectativas.** Diles con qué frecuencia escribes. No les digas con qué frecuencia quieres hacerlo. En cambio, diles exactamente con qué frecuencia lo haces. Usa un promedio.

7. **Invítalos a suscribirse.** En mi opinión este es el llamado a la acción más importante. No quieres depender de que tus lectores se acuerden de volver a tu blog. En cambio, quieres que se suscriban para recibir tu contenido cada vez que subes algo nuevo.

8. **Señálales tus principales entradas.** Esta es una oportunidad de invitarlos a «probar la mezcla». Atráelos más hacia tu contenido. Dales una prueba de tu mejor escritura. Google Analytics o incluso el paquete estadístico de tu blog pueden brindarte una lista de tus entradas más populares de todos los tiempos. Debes también guiarlos al archivo de tu blog para más contenido. Las entradas destacadas de Adventurous Kate incluyen:

- 11 mejores fotos de 2011
- Mis viajes aventureros: de la A a la Z
- Un día en el mercado navideño de Birmingham
- Un año en la vida de una viajera de tiempo completo
- Cómo teñir un chal beduino[4]

9. **Presenta una biografía completa.** Algunos de tus lectores estarán más interesados en tu biografía completa. Este es el lugar para ponerla. Debes compartir tu formación, tu historia laboral, los libros que hayas escrito, tus intereses y pasatiempos actuales, tu familia, etc. Cuanto más real seas como persona, más gente se conectará contigo.

10. **Diles cómo entrar en contacto contigo.** ¿Por qué esconder esto? Házselo fácil. Aunque a veces me genera trabajo adicional, disfruto teniendo noticias de mis lectores e incluso respondiendo preguntas si el tiempo me lo permite. (Deja en claro también sobre qué cosas no deben contactarse contigo.) Además querrás que los visitantes te sigan en Twitter y Facebook, así que bríndales vínculos con esas páginas.

Finalmente, quizás quieras crear una página personal separada para tu perfil de Twitter así la puedes hacer más específica para seguidores de Twitter. Esta es la página a la que entonces vinculas en tu perfil de Twitter.

Si bien esta lista te brinda los diez ítems principales, hay algunos más que podrías querer incluir. En mi opinión, estos son opcionales:

11. **Incluye una foto o un video.** Como actualmente tengo varias en el menú de opciones (rotan con cada cambio de pantalla), no tengo una separada en mi página personal. Si no tienes una en otro lugar, por favor incluye una en la página personal. ¡La gente quiere saber cómo te ves! Y, por favor, si tienes cuarenta, no uses la foto de cuando terminaste la secundaria o una foto retocada con Photoshop. Sé auténtico. Sé real.

    Podrías considerar también agregar un breve video de bienvenida. Esto podría agregar más personalidad y calidez.

12. **Agrega un colofón.** Las editoriales solían agregarlos al final de los libros para describir detalles acerca de la tipografía y el papel que usaban. Tú puedes utilizarlo para describir las tecnologías que estás empleando en tu blog (por ejemplo, el sistema, los temas, el servicio de hospedaje, etc.), junto con notas de diseño sobre la tipografía, la fotografía y cualquier otra cosa que te parezca digna de mención. Te sorprenderías de cuántos correos electrónicos recibo sobre estas cuestiones todas las semanas.

13. Considera incluir un descargo de responsabilidad. Esto es particularmente importante si trabajas para alguien más. No quieres que tus lectores confundan tus entradas de blog con la posición oficial de tu empresa u organización.

Finalmente *debes* mantener esta página actualizada. Yo actualizo la mía cada tres meses más o menos. Es tu página más importante, así que, hagas lo que hagas, hazlo bien.

Debajo hallarás mi página personal,[5] donde verás muchos de los elementos mencionados en este capítulo. El texto subrayado son hipervínculos en la página real.

Acerca de mí

Soy el presidente de <u>Thomas Nelson Publishers</u>, la editorial cristiana más grande del mundo y la séptima editorial en tamaño de Estados Unidos.

Este es mi blog personal. Se focaliza en «liderazgo intencional». Mi filosofía es que si quieres liderar bien, debes ser consciente de ello y poner tu intención en hacerlo.

Escribo sobre liderazgo, productividad, publicación, medios sociales y, en ocasiones, cosas que no se ajustan exactamente a una de estas categorías. También, a veces, escribo acerca de los recursos que estoy descubriendo.

Mi meta es crear contenido ilustrativo y relevante que tú puedas poner a funcionar en tu vida personal y profesional. Si estás en una posición de liderazgo, o aspiras a estarlo, entonces este blog es para ti.

Típicamente escribo tres o cuatro veces por semana. Para asegurarte de no perder mis nuevas entradas, puedes suscribirte vía <u>RSS</u> o <u>e-mail</u>. También acepto una cantidad limitada de <u>publicidad</u>.

Mis principales entadas

Si eres nuevo en mi sitio, quizás quieras comenzar con mis entradas más populares. Estas son las tres principales en cada categoría:

Liderazgo
- Cómo crear un plan de vida
- La importancia del corazón de un líder
- Cinco características de los líderes débiles

Productividad
- Sí, puedes dominar el correo electrónico
- Cómo reducir 10 horas de tu semana laboral
- Mata tus dragones antes del desayuno

Publicación
- Consejos para autores noveles
- Agentes literarios que representan autores cristianos
- Cómo escribir una propuesta de libro ganadora

Medios sociales
- ¿Cometes estos 10 errores cuando escribes en tu blog?
- La guía para principiantes en Twitter
- Doce razones para comenzar a tuitear

Miscelánea
- Mi experiencia con los zapatos Vibram de cinco dedos para correr
- Veinte preguntas para hacer a otros líderes
- ¿Qué pasó con la modestia?

También puedes chequear mi archivo de blog, donde encontrarás una lista con todas las entradas que he escrito o usar la función de búsqueda debajo de mi foto, en el menú de opciones para hallar otras entradas que puedan interesarte.

Mi biografía

He trabajado en la industria editorial durante toda mi carrera. Comencé en Word Publishing mientras estudiaba en la Universidad

Baylor. Trabajé en Word seis años. Además de cumplir las funciones de vicepresidente de mercadeo en Thomas Nelson a mediados de los 80, también comencé mi propia editorial, Wolgemuth & Hyatt, con mi socio Robert Wolgemuth en 1986. Word terminó adquiriendo nuestra empresa en 1992.

Fui un exitoso agente literario entre 1992 y principios de 1998. Sin embargo, extrañaba de verdad el mundo editorial corporativo. Como resultado, regresé a Thomas Nelson en 1998. He trabajado en una variedad de papeles tanto en la gestión de división como en la empresarial. Fui el gerente ejecutivo, entre agosto de 2005 y abril de 2011, cuando me sucedió Mark Schoenwald. Además, soy expresidente de la Evangelical Christian Publishers Association (2006–2011).

También he escrito cuatro libros, uno de los cuales llegó a la lista de *best sellers* del *New York Times*, donde permaneció siete meses. Actualmente estoy trabajando en un nuevo libro para Thomas Nelson. Se llama Plataforma: hazte oír en un mundo ruidoso (mayo 2012).

He estado casado con mi esposa, Gail (síguela en Twitter @GailHyatt), durante treinta y tres años. Tenemos cinco hijas, cuatro nietos y tres nietas. Vivimos en las afueras de Nashville, Tennessee.

En mi tiempo libre, disfruto de escribir, leer, correr y jugar al golf. Soy miembro de la Iglesia Ortodoxa San Ignacio en Franklin, Tennessee, donde he servido como diácono durante veintitrés años.

Información de contactos

Puedes comunicarte conmigo vía e-mail o seguirme en Twitter o Facebook.

Por favor, ten en cuenta: no reviso personalmente propuestas de libros ni recomiendo agentes literarios específicos.

Colofón

Mi blog está creado en WordPress 3.1 (autohospedado). Mi tema es una versión personalizada de Standard Theme, un tema simple, fácil de usar, de WordPress. Milk Engine hizo la personalización inicial. StormyFrog hizo un trabajo adicional. Recomiendo ampliamente ambas empresas.

En términos de diseño, la fuente del cuerpo del texto es Georgia. Las fuentes de títulos y subtítulos son Trebuchet MS. Los pies de foto y algunos otros elementos aleatorios del texto están en Arial. Keely Scott sacó la mayoría de mis fotos personales. Laurel Pankratz también sacó algunas. Obtuve la mayoría de las fotos para mis entradas individuales de iStockPhoto. (Puedes conseguir un 20% de descuento en fotos de stock usando el vínculo anterior.)

Mi sitio está alojado por Linode Cloud. Mi publicidad es manejada por Mindy Spradlin de BeaconAds.

Descargo de responsabilidad

Este es mi blog personal. Las opiniones que expreso aquí no necesariamente representan las de mi empleador, Thomas Nelson. La información que brindo es como se presenta. No me hago responsable por la precisión, completud, actualidad, corrección o validez de ninguna información en este blog y no seré responsable por errores, omisiones o demoras en esta información o por pérdidas, lesiones o daños que surgieran de su uso.

Desarrolla tus páginas de aterrizaje

Una página de aterrizaje en un sitio web enfatiza la oferta de un producto específico; se llama así porque es la página donde uno quiere que la gente aterrice cuando los diriges desde boletines por correo electrónico, medios sociales, vínculos afiliados y cualquier otro material de mercadeo.

La meta de la página de aterrizaje es convertir interés en acción. En cierto sentido, es un vendedor que trabaja para ti sin paradas: veinticuatro horas al día, siete días a la semana.

Por ejemplo:

- La página sobre charlas en mi blog está diseñada para convencer a los planificadores de reuniones que me contraten para hablar en sus eventos.[1]

- La página «Creating Your Personal Life Plan» [Cómo crear tu plan de vida personal] en mi blog está diseñada para convertir a los lectores casuales en suscriptores leales.[2]

- La página sobre cómo escribir una propuesta de libro ganadora en mi blog está diseñada para vender a los aspirantes a escritores uno o mis dos libros electrónicos sobre propuestas de libros.[3]

El problema es que a veces las páginas de aterrizaje son confusas. Los visitantes no saben qué hacer una vez que llegan allí. Como resultado, no producen el resultado pretendido.

Si estás lanzando un nuevo producto, servicio o causa, necesitas una página de aterrizaje. Puede ser tu página de inicio. Puede ser otra totalmente separada (como en mis ejemplos personales). Pero tiene que ser un destino.

He aprendido de un modo difícil cómo crear páginas que obtengan resultados. Creé una página de aterrizaje en 2002 que generó más de cien mil dólares el primer año. (No puedo compartir el vínculo, porque la página ya no está activa.) Creé una página de aterrizaje en 2004 que fracasó por completo, ya que generó menos de cinco mil dólares después de una inversión de doce mil dólares. (Obviamente, bajé este vínculo.) Pensé que ese era un seguro ganador.

Más recientemente, creé una página de aterrizaje para dos de mis libros electrónicos, *Writing a Winning Non-Fiction Book Proposal* y *Writing a Winning Fiction Book Proposal*.[4] Vendo cada libro electrónico por separado y juntos en un paquete.

En los doce meses que terminaron el 31 de agosto de 2011, vendí 1,097 copias de estos libros electrónicos con ingresos totales de $23,730.64. Desde que los libros electrónicos salieron en la venta en octubre de 2009 (hace más de dos años), he vendido un total de 2,239 unidades con un ingreso total de $44,681.45. Mis únicos costos han sido corrección, composición tipográfica, diseño de tapa y la tarifa por el procesamiento de los pagos.

Este es un ingreso completamente pasivo. Configuro la página, la conecto con *e-junkie* y PayPal, y no hago nada más. Las ventas, los vínculos de descarga y el procesamiento de las tarjetas de crédito todos se manejan automáticamente. El dinero se deposita automáticamente en mi cuenta de PayPal.

Lo que es interesante es que estos libros electrónicos solían generar la misma cantidad todos los meses: unos dos mil dólares. Luego decidí analizar la página de aterrizaje para ver si podía mejorar la conversión. Pensé: *Si esto puede generar dos mil dólares por mes desde una página de aterrizaje bastante pobre, ¿qué podría hacer si la optimizara?* Como resultado actualicé por completo la página.

La mejora en los resultados fue drástica. Pasé de generar un promedio de 3.8 ventas por día a 10.6: un aumento de 279%. Esto es después de descartar el resultado del día de lanzamiento de cuarenta y tres ventas, que sentí que era una anomalía. Esta página de aterrizaje está produciendo ahora ventas anuales de más de ochenta mil dólares, nada mal para un par de libros electrónicos autoeditados.

Sobre la base de mis experiencias —tanto positivas como negativas—, he identificado siete características de páginas de aterrizaje que obtienen resultados:

1. **Titular.** Necesitas un titular fuerte, atractivo. Ninguna otra cosa es más importante que esto en tu página. Si los visitantes no son atraídos por el titular, no verán nada más. Recomiendo profundamente el libro de David Garfinkel *Advertising Headlines That Make You Rich: Create Winning Ads, Web Pages, Sales Letters and More.*[5] No tiene precio.

2. **Aviso de venta.** Debes escribir un aviso de venta atractivo que comience con los problemas y las preocupaciones de tu cliente, explica por qué tu producto es la solución y hace una oferta atractiva. Una vez más, recomiendo mucho a David Garfinkel. No puedes conseguir nada mejor que su curso *Fast, Effective Copy.*[6] Me refiero a él todas las semanas. Es costoso, pero vale cada centavo. Se pagó solo con mi primer aviso.

3. **Fotos del producto.** Yo uso BoxShot 3D.[7] Te da las herramientas para hacer que tu producto sea el héroe. Para un ejemplo, observa las fotos de producto en la página de mi libro *Writing a Winning Non-Fiction Book Proposal.*

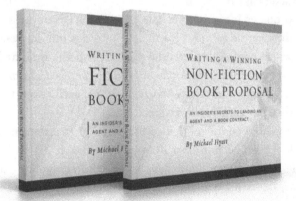

4. Testimonios. Nada convence más a la gente para comprar que los testimonios. Lee el capítulo 14 («Asegúrate respaldos impactantes») para comprender su importancia y cómo conseguirlo. Trata de obtener respaldos de celebridades y de usuarios o lectores.

5. Garantía. La gente puede estar nerviosa sobre comprar un producto en línea. No te conocen. Hay mil y una razones por las que no puedes apretar el gatillo. Facilítale las cosas. Asume el riesgo de la transacción. Promete devolver el dinero sin demora si no están satisfechos. Solo he tenido cinco pedidos de reembolso después de miles de ventas. Si tu producto es bueno, no es un riesgo.

6. Una oferta. Este es el momento de la verdad, por así decirlo. Tienes que establecer un precio y hacer una oferta. No te quedes corto. Hice un test del precio de mis libros electrónicos a $9.99, $19.99 y $29.99. En realidad, vendí más a $19.99 que a $9.99. Creo que esto se debe en parte al hecho de que la gente imputa valor sobre la base del precio. Si cobras más (dentro de lo razonable), suponen que el producto vale más.

7. Llama a la acción. Debes pedir la venta. Esto se conoce como llamado a la acción. Debe ser claro, inequívoco y posicionado en un lugar prominente. Te sugiero la esquina derecha superior de la página. Pregúntate: *¿Cuál es la única acción que quiero que los visitantes de esta página realicen como resultado de leer mi aviso?* Indico mi llamado a la acción con un gran botón rojo.

Si estás lanzando un nuevo producto, servicio o causa, necesitas una página de aterrizaje que dé resultados. Esto es esencial si vas a convertir lectores en clientes y, de allí, en miembros de tu tribu.

Construye una página
para tus charlas

Cuando hablar en público se convirtió en mi foco principal, llegó el momento de rediseñar la página sobre mis charlas.[1] Recomiendo fuertemente que consideres hablar en público como parte de la construcción de tu plataforma. Es una excelente forma de aumentar tu visibilidad, promocionar tus productos y desarrollar credibilidad en la audiencia.

Antes de comenzar el verdadero proceso de actualización, estudié las páginas correspondientes de numerosos oradores profesionales. Noté lo que me gustaba... y lo que no.

Lo más importante: traté de evaluar estas páginas desde la perspectiva de los patrocinadores de los eventos. Ellos son mi principal público. Habiendo estado involucrado en la planificación de cientos de eventos a lo largo de los años, tenía buena idea de lo que les resulta importante cuando están buscando potenciales oradores.

Aquí hay nueve acciones para crear una página de aterrizaje de charlas públicas que sea eficaz. (Quizás quieras abrir mi página[2] y mirarla mientras lees los componentes que aparecen abajo.)

1. **Decide qué llamado a la acción harás.** En otras palabras, ¿qué quieres que el lector haga después de revisar tu página? Solía invitar a los lectores a contratarme (por ejemplo, «llama a mis representantes e inclúyeme en tu evento»). Pero ahora creo que es demasiado pedir al principio.

   En cambio, siguiendo la guía de otros oradores, ahora los invito a verificar mi disponibilidad. Es un primer paso más seguro, más humilde. Cuando hacen clic en el botón, pasan a una página separada con un breve formulario. El botón tiene este aspecto:

Check My Availability

También hice que el botón de llamado a la acción fuera rojo para que se distinguiera de todo lo demás en mi blog y lo coloqué en la esquina superior derecha de la página, donde sé que no pasará inadvertido. (Podría decirse que este es el inmueble más importante de tu página.) También puse algunas otras repeticiones de este botón en el texto de la página.

2. Crea un video de bienvenida de un minuto. No lo hagas complicado. Mi esposa, Gail, y yo grabamos el mío en mi estudio, en casa. Tu meta es generar empatía con quien lo ve (por ejemplo, el patrocinador de un evento) y brindar una vista previa personalizada de lo que hay en la página, es decir, en tu texto introductorio.

En caso de que estés interesado, usé una cámara Canon 60D montada en un trípode y un micrófono Audio-Technica ATR 3350 con un adaptador de mono a estéreo de Radio Shack. No usé iluminación especial.

Un iPad 2 me sirvió de teleprompter y usé el Propromper HDi Pro2 de Bodelin Technologies.

Edité el video en iMovie y luego lo subí a Vimeo, que me gusta más que YouTube. Tiene muchas más opciones, incluida la capacidad de usar un reproductor de video minimalista y una imagen de muestra personalizada.

3. Presenta una visión general de la página. Acomoda las secciones del modo que tengan más sentido para ti. En mi página, también pedí consejo a mis representantes que hicieron excelentes sugerencias.

Además, quieres que los patrocinadores de eventos puedan navegar la página en el orden que tenga sentido para ellos. Algunos pueden querer ir primero a los temas más pedidos. Otros quizás quieran ver los clips de video primero.

> Lo que puedes esperar
> Un poco sobre mí
> Mis clips de video
> Mis temas más pedidos
> Lo que dicen otros
> Mis próximos compromisos
> Mis compromisos anteriores
> El siguiente paso

Crea una lista de los subtítulos y luego establece hipervínculos con las secciones reales. De ese modo pueden navegar la página en el orden que elijan y volver siempre a este índice haciendo clic en el botón «Volver arriba» de cada sección.

Explica lo que un comprador potencial puede esperar. Cuando alguien compra un producto, no solo está adquiriendo un artefacto. Está comprando experiencia. Lo mismo ocurre al contratar a un orador. Los patrocinadores de eventos están comprando no solo una charla, sino toda la experiencia que la rodea.

Esto incluye:

- La forma en que tus representantes interactúan con el patrocinador, entre otras cosas la rapidez de las respuestas.

- La primera interacción contigo a través de una llamada pre-conferencia.

- Tu promoción del evento (suponiendo que el patrocinador quiera eso) a través de tu blog y tus redes sociales.

- Una página personalizada de recursos para todos los asistentes al evento. Incluye una copia de las diapositivas que usaste en la presentación (incorporadas con SlideShare.net[3]), junto con vínculos a tus libros, tus entradas de blog y otros recursos que consideres que serán útiles.

- Un rápido seguimiento con el patrocinador después del evento para estar seguro de que diste en el blanco.

4. **Escribe una biografía especializada.** En mi antigua página sobre charlas, solo corté y pegué la copia de la sección personal de mi blog. Sin embargo, cuando pasé esto por el filtro de lo que es importante para un planificador de eventos, me di cuenta de que tenía que ser reescrita por completo.

Comienza con tu experiencia como orador. Agrega tu experiencia en los medios, incluyendo los programas de TV y de radio más conocidos en los que hayas estado. En mi caso, el hecho interesante es el mero volumen. He estado en más de mil doscientos programas.

Luego, presenta tus credenciales, por ejemplo, tu historia profesional y el alcance de tu plataforma de medios sociales. Termina con un breve párrafo personal sobre tu familia y tus intereses personales. Esto le pone un rostro humano a la biografía.

5. **Reúne una colección de clips de video.** Esta puede ser la sección más importante. Los patrocinadores de eventos quieren saber cómo te conduces ante una audiencia en vivo.

Un breve video de demostración

Este es un video rápido de demostración:

En un ambiente corporativo

Aquí tienes algunos ejemplos de mis conferencias en un contexto corporativo.

Puedes encontrar más clips de video haciendo clic aquí.

Debes pedir a todos los patrocinadores que graben tu presentación en video. Muchos no podrán hacerlo, pero te sorprendería ver cuántos lo harán si se lo pides. Te interesan momentos de uno o dos minutos que te representen en un contexto en vivo.

También hacía que SimplyVideo[4] tomara todas mis grabaciones y creara un rápido demo de dos minutos y medio. Esto es algo que los patrocinadores pueden presentar a sus comités u otros tomadores de decisiones. Estuve muy contento con el proceso de SimplyVideo y el producto final.

6. **Compila una lista de tus temas más pedidos.** Esto puede darte un poco de trabajo. Yo tuve que repasar los últimos tres años de charlas e identificar los temas que eran más populares y que sentía que eran congruentes con mi marca.

MIS TEMAS MÁS SOLICITADOS

Hablo de temas relacionados con el liderazgo, el equilibrio vital, la productividad y los medios sociales. Personalizaré mi presentación para que encaje con las necesidades específicas de tu organización. Mi objetivo es facilitar el resultado que tú quieres crear.

Mis temas más solicitados incluyen los siguientes. Ten en cuenta que puedo exponerlos como una presentación o como un taller. También tengo una versión para un seminario de medio día o, en algunos casos, un día completo.

Plataforma: En el mundo ultraruidoso de hoy en día, es difícil conseguir la atención de alguien. Necesitas una plataforma para ser visto y oído. Por fortuna, nunca ha sido más sencillo. En esta presentación analizo cómo usar los medios sociales para construir tu marca, reducir tus costes de marketing e incrementar tu impacto.

Crea tu plan de vida personal: Pocas personas tienen un plan para sus vidas. Muchos son espectadores pasivos que ven su vida desplegarse día tras día. En esta presentación explico cómo pasar de ser reactivo a ser proactivo y desarrollar un plan para llevar a cabo las prioridades más importantes.

Cambio: Todo está cambiando: la economía, la demografía, los medios sociales... y lo que nuestros equipos esperan de nosotros como líderes. En esta presentación esbozo siete cambios que los líderes deben realizar para ser eficaces en un mundo posmoderno. No podemos regresar a como eran antes las cosas. Esta es la nueva norma.

Cuando tengas la lista, escribe una breve descripción de cada tema, luego encuentra una foto que sientas que representa cada charla. Encontré las mías a través de iStockPhoto.com.[5] Creo que el elemento visual es fundamental. Bajé las fotos y creé una presentación de diapositivas en iWorkKeynote. Luego exporté cada diapositiva para crear las fotos de muestra para cada sección.

7. **Consigue respaldos de patrocinadores anteriores.** Estos también son importantes. Brindan la validación de un tercero. Otros pueden decir cosas de ti que tú nunca podrías decir.

Como procedimiento, siempre pide a los patrocinadores que te den un respaldo inmediatamente después de tu charla. Es el momento en que la tienen más fresca en su cabeza. Es también el momento en que están más entusiasmados y en el que es más probable que escriban un testimonio.

Uso los respaldos de dos formas. Pongo la frase completa en el menú del margen derecho. Luego reduzco el respaldo a lo esencial y lo incluyo en un «destacado» de WordPress en el cuerpo principal del texto. Uso NivoSlider[6] para esto. Se ve de este modo:

«Totalmente cautivó un estadio de 8,000 universitarios».

—JOHNNIE MOORE
Vicepresidente y pastor,
Liberty University

• • • • ○ • • • • •

8. **Inserta un calendario de próximos eventos**. Como orador, cuanto más lleno esté tu calendario, mejor. Demuestra que tienes pedidos. Esto ayuda a validar las afirmaciones que haces en otras partes.

Solía usar el *plugin* de WordPress llamado GigPress,[7] que sigo recomendando. Es excelente. Sin embargo, para esta repetición de mi página sobre charlas, pedí a mi desarrollador web que escribiera un código personalizado. Quería poder anunciar cada compromiso a través de una minientrada en mi blog y luego que esa entrada fuera incluida automáticamente en mi calendario.

Fecha		Tema / Detalles del evento		Ciudad / Más información
—	15 sept 2011 07:30–8:30 am	Ponencia: «Cómo avanzar más en menos tiempo»		Cle Elum, WA
		Evento:	Experiencia de Building Champions	Evento público
		Patrocinador:	Building Champions	Inscripción para asistir
		Lugar:	Suncadia Resort 3600 Suncadia Trail Cle Elum, WA 98922 Estados Unidos	Más información
+	15 sept 2011 11:15–12:15 pm	Taller: «Cómo ahorrar 10 horas en tu semana laboral»		Cle Elum, WA
+	15 sept 2011 09:30–11:00 am	Ponencia: «Marcar la diferencia fuera de la oficina»		Cle Elum, WA
+	5 oct 2011 02:15–03:30 pm	Taller: «Lo importante del corazón del líder»		Duluth, GA

También quería mostrar la lista completa de compromiso, brindando al planificador del evento (o a alguien simplemente interesado en escucharme hablar) la capacidad de expandir el evento y verlo en más detalle.

9. **Incluir una imagen hablando.** Visualmente, es importante que los patrocinadores de eventos te vean en acción. Quieres una imagen en la que diviertas delante de una gran audiencia. Esto permite que los patrocinadores te visualicen delante de su audiencia. Es importante que un fotógrafo profesional saque esta foto.

Piensa cuidadosamente en lo que quieres retratar en la foto, luego comunícale al fotógrafo qué estás buscando. Pídele que tome muchas fotos de la audiencia también.

La meta de cada una de estas sugerencias es facilitar lo más posible la decisión de contratarte para hablar. Mi amigo Ken Davis, un comediante, va un poco más allá en el camino de facilitar las cosas.[8] Además de muchas de las cosas que ya hemos cubierto en este capítulo, incluye algunos ítems extra como parte de su página de Contrataciones, que hace que promocionar sus eventos sea como dar vuelta a una llave para cualquiera que lo contrata.

Con las herramientas del sitio de Ken, los patrocinadores del evento pueden enviar invitaciones personalizadas a sus eventos por correo electrónico. Pueden bajar fotos, comunicados de prensa personalizados, pósteres para imprimir, y clips de audio y de video para usar en sus promociones. Y Ken inclusive pone a disposición *banners* gratuitos para sitios web, pequeñas aplicaciones de WordPress, *banners* emergentes para que los patrocinadores los usen en sus sitios web. Y finalmente ofrece a los patrocinadores un breve URL que puedan usar para que la gente se entere del evento. Como Ken, puedes tener algunas ideas creativas que faciliten las cosas para que los patrocinadores de eventos presionen el botón de llamado a la acción.

Si estás incluyendo charlas en tus planes de construcción de plataforma, sugiero que incorpores la mayoría de estas sugerencias, o todas, en tu página. Considera también agregar tu propio toque creativo.

Olvídate de las mediciones (por ahora)

Hace unos años, la cantidad de lectores de mi blog entró en una meseta durante unos meses. (Cubriremos las mediciones del blog en el capítulo 41.) El número de mis visitantes mensuales había sido relativamente plano. Para alguien cuya fortaleza principal es «buscar logros», fue una píldora amarga para tragar. Inmediatamente pensé: *¿qué estoy haciendo mal?*

Si eres como yo, te gusta empezar cosas. Te gusta cultivar cosas. No te gusta mantener cosas. Es simplemente la forma en que estamos constituidos. Si los números no se mueven en una dirección positiva, nos frustramos y podemos perder interés.

Francamente, esto me ha obligado a reevaluar por qué tengo un blog. Cada uno de nosotros tiene sus razones. Un joven *bloguero* dijo esto: «Si damos material bueno e interesante a otra gente, podríamos recibir buen material también, por ejemplo, comentarios agradables, o que alguien responda una pregunta que hemos hecho, o que nos digan algo realmente bueno que no sabíamos».[1] Eso tiene sentido para mí.

En el pasado, he dicho que tengo un blog por cinco motivos: 1) para aumentar la visibilidad de mi organización; 2) para articular la visión de mi organización; 3) para conectarme con gente que puede ayudarme; 4) para estar alerta de lo que la gente que me interesa está diciendo; y 5) para ser mentor de la próxima generación de líderes.

Pero pensando más al respecto, he llegado a la conclusión de que en realidad estos son los beneficios del blog, no los motivos. La realidad es que escribo un blog para aclarar mi pensamiento y alcanzar mis mejores ideas. En suma, escribo para mí. (¡Pero eres bienvenido si sigues leyendo!)

No debería haber ninguna diferencia entre tener diez lectores o cien mil. Dawson Trotman, el fundador de Navigators, dio en la tecla décadas atrás cuando dijo: «Los pensamientos se desenredan cuando pasan por los labios y las puntas de los dedos».[2] Si estás escribiendo, estás logrando mayor claridad respecto de tu vida, tu trabajo y lo que importa más. Eso es suficiente. Y más que lo que la mayoría de la gente tiene.

===

Tu base de operaciones es el corazón de tu plataforma, y construirla bien desde el principio te pondrá en el camino del éxito. En esta sección hemos recorrido cierta información valiosa que aprendí en su mayor parte del modo más difícil. Espero ahorrarte algo del dolor y de sufrimiento. Ahora avancemos al siguiente paso: expandir tu alcance.

PARTE CUATRO

EXPANDE TU ALCANCE

Despídete del mercadeo

Cuando ves el título de este capítulo, quizás te preguntes por qué comienzo una sección sobre expandir tu alcance con un título sobre deshacerse del mercadeo. Después de todo, quieres aprender a construir una plataforma y hacerla poderosa, con muchos seguidores.

Se necesita del mercadeo para hacer eso ¿no? ¿Y no es para el mercadeo para lo que contratas a otras personas? Son los especialistas en relaciones públicas que hacen llamadas de venta o agencias de publicidad que gastan mucho dinero para crear avisos para revistas elegantes. O, en el caso de los que no tenemos dinero para hacer eso, podría ser hacer nuestros propios volantes y contratar pequeños avisos en el diario local. Tal vez comprar cada tanto un aviso de radio.

Cualquiera sea la forma que adoptes, la mayoría de los creativos que conozco odian el mercadeo. Quieren construir cosas, generar nuevos productos, escribir, hablar o entretener. Pero odian la idea de promocionarse o vender sus productos o servicios.

Si esto te describe, tengo buenas noticias. El mercadeo está muerto.

Muy bien, quizás estoy exagerando un poco.

El mercadeo puede no estar muerto, pero, en el mundo de los medios sociales, se ha metamorfoseado. Drásticamente.

Construir una tribu es el nuevo mercadeo.

Mercadeo ya no es gritar en un mercado lleno de gente; es participar en un diálogo con otros viajeros. Mercadeo ya no es generar transacciones; es construir relaciones. Mercadeo ya no es explotar un mercado para tu propio beneficio; es servir a aquellos que comparten tu pasión... para beneficio mutuo.

En su innovador libro *Tribus: necesitamos que tú nos lideres*,[1] Seth Godin define una tribu como «un grupo de gente conectada entre sí, conectada con un líder y conectada con una idea».

Leí este libro justo cuando salió en 2008, y es tan relevante hoy como entonces. Es una lectura obligada si eres serio respecto de construir y mantener una carrera como creativo.

Godin dice que una tribu tiene solo dos requisitos: un interés compartido y una forma de comunicar.

Es fácil pensar ejemplos:

- **Usuarios de Apple.** Solo visita un local minorista de Apple. La gente no está allí solo para comprar productos. Van a compartir su pasión y a interactuar con otros entusiastas. Mientras otros minoristas están luchando, Apple apenas da abasto con la demanda.

- **Los fanáticos de Dave Ramsey.** Ramsey ha construido una inmensa tribu de gente apasionada con salir de sus deudas y asumir el control de su dinero. Están al borde del fervor religioso. No es sorprendente. Su filosofía ha dado esperanza a millones.

- **Los lectores de Don Miller.** Su primer libro *Tal como el jazz*,[2] estuvo en la lista de *best sellers* del *New York Times* durante meses. Trató de hacer una película basada en el libro pero no pudo reunir el dinero. Pero su tribu no dejó morir la idea. Ellos juntaron el dinero por su cuenta.

- **Los usuarios de Evernote.** ¿Quién hubiera pensado que una simple base de datos de *software* generaría una tribu tan grande y tan floreciente? Pero con más de doce millones de usuarios registrados, Evernote ha atraído a distintos y apasionados grupos de usuarios.

Soy un orgulloso miembro de estas cuatro tribus.

Pero esta es la clave para los creativos: construir una tribu es tu pasaje a un éxito duradero. De esto es de lo que se trata la plataforma. Es una forma de que te conectes con tu tribu.

¿Cómo construyes una tribu? Permíteme sugerirte cuatro formas:

1. **Descubre tu pasión.** El mercadeo es el acto de compartir aquello que te apasiona. Nada más. Nada menos.

Por ejemplo, Gary Vaynerchuk comenzó Wine Library TV.[3] Aunque ya no escribe allí, construyó una gran tribu que no existía cuando empezó en 2006. Comenzó cuando descubrió su pasión por el vino.

Millones de personas veían a diario el breve programa de video de Gary para descubrir nuevos vinos y comprender mejor los vinos que amaban. Gary ha pasado a cosas más grandes y mejores, pero su esfuerzo inicial es un testimonio de lo que puede hacerse cuando alguien descubre su pasión.

2. **Ofrécete como voluntario para liderar.** Esto lo es todo. Sin un líder, no hay tribu. Solo hay una multitud.

Mercadeo es en realidad liderar a la gente que ya quiere ser seguidora. Solo necesitan un líder que los lleve adonde ya quieren ir.

3. **Sé generoso.** El viejo mercadeo le sacaba cosas a la gente. Pero resulta que «más bienaventurado es dar que recibir»,[4] es una excelente estrategia de mercadeo. Cuando lideras sirviendo y dando, la gente te sigue.

4. **Brinda una forma de comunicarse.** La gente necesita una forma de comunicarse. Necesitan una forma de compartir sus historias.

En *Tribus*, Seth establece cuatro tipos de liderazgo tribal. Si te planteas seriamente construir una tribu, tienes que brindar los cuatro tipos de comunicación:

- Del líder de la tribu al miembro de la tribu
- Del miembro de la tribu al líder de la tribu
- De miembro de la tribu a miembro de la tribu
- De miembro de la tribu a los de afuera

El verdadero tema ya no es si tu editorial o tu compañía discográfica, o cualquier otro tercero, comercializa tu producto y te da la visibilidad que necesitas para tener éxito. En realidad se trata de si estás dispuesto o no a dar el paso y brindar liderazgo a una tribu de viajeros que comparten tu pasión.

TREINTA Y CUATRO

Comprende lo que *no* es importante

Hace un tiempo, como preparación para una reunión con uno de mis clientes más grandes, visité su sitio web. Él quería extender el alcance de su plataforma, y yo lo estaba asesorando. Una vez más recordé cuántos hombres de negocios piensan que con solo colgar un sitio web en el ciberespacio, están de algún modo construyendo su marca. Resulta que no es tan así.

El sitio se veía muy bien. Lindos gráficos. Buen uso de Flash. Muy divertido. De modo que decidí pasar su sitio por el Marketing Grader de HubSpot.[1] Esta simple herramienta gratuita hace como una tomografía computada de los sitios web. Es muy reveladora y el sitio de mi cliente tuvo un puntaje malo.

Sobre la base de mis nuevos datos, decidí hacer un poco de investigación. Hice el mismo ejercicio con los sitios web de mis doce clientes principales. Cuando mires los resultados en el cuadro que aparece abajo, ten presente:

- **Overall Web Grade** es la nota del WebsiteGrader.com. Se basa en un conjunto complejo de criterios, incluidos los ítems que aparecen más abajo.

- **Google Page Rank** es el *ranking* relativo de Google en una escala de uno a diez. Cuanto más alto el número, mejor.

- **Alexa Traffic Rank** muestra el *ranking* de tráfico absoluto contra todos los sitios web del mundo. Es similar a los *ratings* Nielsen. Cuanto más bajo el número, mejor. Por ejemplo, el puesto del primer cliente que aparece abajo, 18,977, indica que su sitio está entre los veinte mil primeros sitios del mundo. Como hay decenas de millones, es un número importante.

- **Technorati Page Rank** muestra el *ranking* de tráfico absoluto contra todos los otros sitios de blog en el mundo. Si el blog no está registrado en Technorati, entonces no entra en el *ranking*. Cuando más bajo el número, mejor.

Estos son los resultados:

Cliente	Overall Web Grade	Google Page Rank	Alexa Traffic Rank	Technorati Page Rank
Cliente 1	99.9	6	18,977	1,218
Cliente 2	99.3	6	110,308	726,714
Cliente 3	93.0	5	52,288	N/A
Cliente 4	92.0	5	393,576	20,212
Cliente 5	91.0	5	427,192	N/A
Cliente 6	89.0	4	613,492	N/A
Cliente 7	86.0	4	674,324	213,437
Cliente 8	86.0	4	257,410	N/A
Cliente 9	82.0	4	402,066	N/A
Cliente 10	81.0	5	545,916	N/A
Cliente 11	79.0	4	548,447	N/A
Cliente 12	35.0	3	3,738,452	N/A

Estas son mis conclusiones:

1. **Tener un sitio web realmente ingenioso y con buenos gráficos no necesariamente se correlaciona con más tráfico.** De hecho, los que hacen uso del último Flash e incorporan tecnologías de video están en el extremo inferior de la escala de tráfico.

2. Tener una gran plataforma de medios no necesariamente se correlaciona con más tráfico. Sí, el presidente del Cliente 1 tiene una enorme plataforma de medios tanto en TV como en radio. Sin embargo, uno de los clientes con las plataformas de medios más grande estaba de último de todos.

3. Tener una gran organización detrás de ti no necesariamente se correlaciona con más tráfico. Algunos clientes con organizaciones grandes estaban cerca de la cima; otros estaban cerca del fondo.

4. Tener una imagen joven y a la moda no necesariamente se correlaciona con más tráfico. De hecho, parece haber una correlación inversa. Tal vez la gente mayor trabaja más en eso. Tal vez los más jóvenes piensan que son suficientemente modernos. Independientemente de eso, la mayoría de los que yo suponía que se manejaban bien en la web, no lo hacen... al menos no en términos de generar tráfico significativo.

Sugiero que pases tu sitio o tu blog por el Marketing Grader. Esto te dará una buena instantánea de dónde estás ahora.

Por una cuestión de transparencia, compartiré mis números contigo. Estos son mis resultados en Marketing Grader en el momento de escribir esto:

	Overall Web Grade	Google Page Rank	Alexa Traffic Rank	Techorati Page Rank
MichaelHyatt.com	99.3	5	19,200	618

Nota: estas cifras fluctuarán ligeramente porque muchos de los *rankings* son relativos. Si el sitio de alguien se vuelve más popular y te supera, tu sitio pasará más abajo. Lo opuesto también ocurre.

La buena noticia es que no es tan difícil construir una poderosa presencia en línea. Tampoco cuesta demasiado. Definitivamente vale el tiempo que inviertes.

TREINTA Y CINCO

Genera más tráfico en tu blog

En un período reciente de treinta días, vi que el tráfico de mi blog saltaba un 81.3 por ciento. De hecho, lo he visto crecer constantemente desde que pasé de TypePad al autohospedado WordPress[1] hace unos años (hasta 338.6 por ciento). Pero esos treinta días representaron el salto más grande en mi tráfico en la historia, según el informe de Google Analytics.[2]

Creo que hay razones muy claras por las que esto sucedió.

Para empezar, este aumento de tráfico no fue el resultado de una sola entrada que prendió el fuego. Tampoco fue el resultado de que un sitio grande se vinculara conmigo. En cambio, fue el resultado de varios cambios específicos que hice en mi blog. Aun así, no creo que sea un solo cambio, sino más bien todos ellos funcionando juntos los responsables del impacto en el tráfico. La buena noticia es que estas son cosas que puedes replicar.

Primero, los hechos... directamente de Google Analytics. (Por cierto, si no lo tienes instalado en el blog, hazlo. Es fácil, gratis y es esencial si en serio quieres aumentar el tráfico.)

- Los visitantes únicos absolutos fueron de 71,885 a 130,320 en un mes (un aumento de 81.3 por ciento).

- La vista de páginas pasó de 173,794 a 284,192 (un aumento de 63.5 por ciento).

¿Qué hice para que esto pasara?

Como hablamos en los capítulos anteriores, ya había decidido instalar Standard Theme (un tema de WordPress para *blogueros* serios).[3] Esto tuvo un impacto positivo inmediato en mi tráfico. Se debió principalmente a una mayor rapidez para cargar la página y una mejor Optimización del Motor de Búsqueda (SEO, por su nombre en inglés). Otros *blogueros* que conozco han tenido resultados similares con este tema premium.

Luego me pregunté: *¿qué acciones puedo realizar para aumentar significativamente el tráfico de mi blog?* Y se me ocurrió una lista de cuatro:

1. **Aumentar la frecuencia de las entradas.** Siempre he sabido que hay una correlación entre la frecuencia y el crecimiento en el tráfico, pero lo comprobé empíricamente. Durante la mayor parte del año pasado, escribí tres veces por semana. Decidí hacerlo cinco veces por semana, de lunes a viernes.

2. **Escribir entradas, párrafos y oraciones más breves.** Debo esta idea a una entrada de CopyBlogger llamada «Shorter is better» [Más breve es mejor].[4] Decidí que mis entradas tendrían entre quinientas y seiscientas palabras. Cada párrafo incluiría no más de tres a cuatro oraciones. Y evitaría oraciones complejas siempre que fuera posible.

3. **Mejorar mis metadatos SEO.** Comencé a usar Scribe.[5] Este *plugin* de WordPress analiza tus entradas y te da un puntaje, sobre la base de cómo la calificará Google. Lo mejor es que dice cómo ajustar tus metadatos para mejorar tu puntaje. Es caro, pero creo que vale cada centavo.

4. **Involucrarme más en los comentarios.** Cambié mi sistema de comentarios del WordPress nativo a Disqus.[6] Este es el sistema usado por la mayoría de los sitios más grandes que visito. Creo que es el *plugin* para comentarios más fácil y más elegante que hay disponible. También me permite responder comentarios a través del correo electrónico, lo que hace que me resulte superfácil involucrarme con mis lectores.

Los resultados fueron alentadores. Pero no hay una bala de plata que genere instantáneamente más tráfico. Se necesita hacer varias cosas bien, y hacerlas durante un período de tiempo prolongado.

He usado las siguientes técnicas básicas para aumentar el tráfico de mi blog cada año desde que comencé a rastrearlo en 2008 usando Google Analytics. Algunos años han sido mejores que otros, pero todos han mostrado un aumento:

Año	Páginas vistas	Aumento
2008	574,778	N/A
2009	1,496,241	160.3%
2010	1,972,497	31.8%
2011	5,060,331	156.5%

Basado en mi experiencia, creo que puedes aumentar drásticamente el tráfico de tu blog siguiendo estas diez sugerencias fundamentales (Ya hemos hablado de algunas de ellas en otros contextos, pero vale la pena repetirlas.)

- **Escribe contenido que valga la pena compartir**. Nada compensará un contenido débil. Si no estás escribiendo cosas que la gente quiera leer, un mercadeo más inteligente no solucionará el problema. Comienza creando un título matador que haga que la gente quiera leer lo que tienes para decir. Lee *Advertising Headlines That Make You Rich*.[7] Es mi salsa secreta.

- **Adhiere a una programación consistente**. No puedes esperar aumentar el tráfico si no escribes con regularidad. Con esto quiero decir al menos una vez por semana. Tres veces por semana es aun mejor. Cinco es lo mejor, pero no si la calidad de tu contenido se resiente. Frecuencia equivale a visibilidad.

- **Consigue tu propio nombre de dominio**. Facilítale a tus lectores dar a conocer el nombre de tu blog. ¿Qué crees que es más fácil: «tunombre.wordpress.com» o «tunombre.com»? Esta es la base de la construcción de una marca y hace que tu blog sea *memorable*. Si puedes conseguir tu nombre o una frase breve, vale la pena pagarlo (dentro de lo razonable).

- **Incluye la dirección de tu blog en todas partes**. Al comienzo agregas lectores de a uno por vez. Nunca sabes cuando alguien con una audiencia mayor te citará o creará un vínculo a tu página. Incluye tu dirección de blog en la firma del correo electrónico, en tus tarjetas comerciales y en tu papelería. Debería aparecer virtualmente en todos los lugares donde aparece tu nombre, en particular en tus perfiles de medios sociales.

- **Haz que sea fácil suscribirse a tu blog**. No quieres depender de que tus lectores se acuerden de volver a tu blog. Por el contrario, quieres que se suscriban, para que reciban cada nueva entrada que escribes. Deberían poder hacerlo por RSS o correo electrónico. Coloca estos dos botones en lugar prominente.

- **Optimiza tus entradas para SEO**. Quieres que la gente pueda encontrarte cuando busque una de tus palabras clave o tu nombre. Yo uso dos *plugins* de WordPress para esto: el All-in-One SEO Pack[8] y Scribe.[9] El primero te ayuda a optimizar tus metadatos (por ejemplo, el título de la entrada, la descripción y las etiquetas). El segundo te ayuda a optimizar la entrada en sí misma.

- **Utiliza los medios sociales**. Si quieres generar visibilidad para tu blog, debes ir adonde la gente va. En el pasado, la gente se reunía en el mercado o en el centro de la ciudad. Hoy se reúnen en línea en lugares como Twitter, Facebook, LinkedIn y Google+. ¿Qué servicio es mejor? *El que uses con regularidad*. Usa los medios sociales para conectarte, construir relaciones y anunciar nuevas entradas de blog.

- **Involúcrate en la conversación**. Comienza haciendo que sea fácil que tus lectores comenten. Hoy la gente quiere participar. No los obligues a registrarse. Esto solo agrega fricción. Involúcrate personalmente en la conversación leyendo los comentarios y respondiendo cuando es adecuado.

- **Haz comentarios en otros blogs**. Cuando lees entradas de otras personas, deja comentarios. No estoy hablando que bombardees a la gente con invitaciones a que lean tu blog. Por el contrario, involúcrate en las conversaciones que te interesen y genera credibilidad.

Asegúrate de regístrarte en el sistema de comentarios de los otros, para que siempre haya un vínculo que los pueda llevar a tu blog.

- **Escribe entradas como invitado de otros** *blogueros.* Francamente, esto no es algo que haya hecho. La mayoría de los *blogueros* exitosos juran que es bueno. Jeff Goins me escribió una entrada como invitado[10] sobre este tema precisamente. Sostiene que aumentó el tráfico de su blog en seis meses más que en los anteriores seis años. (Si estás interesado en escribir como invitado en mi sitio, observa mi página de instrucciones.[11])

También querrás usar un buen tema de blog optimizado para SEO. Hay cientos en el mercado. Como mencioné, uso el Standard Theme para WordPress y me encanta.

Finalmente, ten paciencia. Generar tráfico lleva su tiempo. Como cualquier otra cosa, los que ganan son los que perseveran cuando todos los demás han abandonado.

Construye tu lista de suscriptores

La meta del mercadeo es atraer más clientes. Los negocios hacen una enorme inversión para lograr tener gente en la puerta por primera vez. Pero ¿qué sucede después?

Si el cliente se retira por la puerta para no volver nunca más, la inversión es una pérdida. «Sangre en el piso», como dicen. En cambio, los comerciantes quieren que el cliente vuelva... y esperan que traiga algunos amigos.

Lo mismo ocurre en el mundo del blog. Nunca he conocido un *bloguero* que no quiera más tráfico. *¡Los escritores escriben para ser leídos!* (Cualquier que diga lo contrario está mintiendo.)

Si esto es lo que te pasa a ti, entonces tienes que dejar de concentrarte en aumentar el tráfico. Debes concentrarte en *aumentar la lista de tus suscriptores*.

¿Por qué? Porque esta lista representa tus seguidores fundamentales, los que más probablemente recluten otros lectores. Esto significa que no tienes que hacerlo todo solo. Es la diferencia entre sumar y multiplicar.

Hace poco, me di cuenta de que yo mismo era culpable de esto, como dijimos en el último capítulo, aumenté mi tráfico —que es un primer paso necesario para expandir tu alcance—, pero no estaba prestando atención a aumentar mi *lista*. Hice más prominente mi botón RSS y pensé que era suficiente.

Pero después de leer el consejo de varios *blogueros* profesionales, comprendí que tenía que concentrarme en construir una lista de suscripción por correo electrónico. Desde la perspectiva del *bloguero*, la lista de correos electrónicos brinda varias ventajas respecto de las suscripciones RSS:

- **Es más personal.** Con el correo electrónico, sabes quiénes son tus suscriptores. También mueves la conversación del mundo impersonal de los lectores RSS al ambiente más personal de la bandeja de entradas de tu lector.

- **Te da más control.** Si Google tiene un error y borra todos tus suscriptores RSS... se fueron para siempre. No hay forma de recuperarlos. Con un programa de gestión de lista de correo electrónico, puedes hacer una copia de respaldo de tus suscriptores regularmente.

- **Te permite una comunicación de ida y vuelta.** Uso mi dirección real cuando envío mi boletín por correo electrónico. Si haces esto, permitirá que la gente te responsa y te dé *feedback*. Ese correo vendrá directamente a ti y te permitirá responder si es necesario.

- **Te permite rastrear tu efectividad.** Con RSS, sabes cuánta gente se suscribe, pero no mucho más. Con el *software* de lista de correo electrónico, tienes acceso a numerosos informes. Por ejemplo, sabrás cuántos abrieron realmente el correo, hicieron clic en los vínculos, eliminaron su suscripción, etc.

- **Te da la oportunidad de promocionar productos.** Con RSS, tienes que escribir una entrada de blog para comunicarte con tus suscriptores. Con el correo electrónico, puedes enviar un comunicado cada vez que quieras.

- **Te brinda una forma fácil de compartir tu contenido.** Si, como yo, tienes muchos lectores que comparten tus entradas en Facebook y Twitter, agradécelo. Pero date cuenta de que sigues teniendo miles de lectores que no usan los medios sociales. Con el correo electrónico, pueden simplemente reenviarlo a sus amigos.

Muy bien, entonces ¿cómo construyes realmente una lista de suscriptores por correo electrónico? Permíteme contarte lo que yo hice.

En marzo de 2011, tenía 2,771 suscriptores por correo electrónico. Pensé que era un número impresionante, dado que tenía unos 150,000 visitantes únicos por mes en ese momento. No parecía estar convirtiendo muchos lectores en suscriptores.

Sin embargo, en los últimos nueve meses (hasta el momento de escribir esto), he aumentado mi lista a más de 50,000 suscriptores por correo electrónico. En el mismo período de tiempo, dupliqué el tráfico de mi blog, alcanzando más de 310,000 visitantes únicos por mes.

Estas son las siete estrategias que usé para aumentar mi lista de suscriptores por correo electrónico:

1. **Genera contenido que merezca ser leído.** Ya lo he dicho antes, pero no puedo enfatizarlo lo suficiente. Nadie se suscribirá a nada si no quieren leer. Tienes que escribir contenido de calidad, y dejar a los lectores con ganas de más.

2. **Usa un sistema de lista de suscripción específico.** Puedes usar el servicio gratuito FeedBurner de Google. De hecho, yo lo uso para RSS. Pero no brinda el mismo nivel de control que se obtiene con servicios pagos como MailChimp[1] o Aweber.[2] Yo uso MailChimp. Es un poco costoso, pero me encanta el control.

3. **Haz muy visible el formulario para adherirse.** Como mínimo, debe estar en un lugar destacado (en la mitad superior de la página) preferentemente en la barra de menú en el margen derecho. Fíjate cómo está ubicado el formulario en los sitios de CopyBlogger[3] o Problogger.[4]

4. **Ofrece un incentivo para suscribirse.** Aquí es donde entra en juego la creatividad. Un buen ejemplo es Hugh MacLeod, que hace historietas. Cuando sus dibujos se volvieron populares, comenzó a expandir su alcance a través de su blog, *gapingvoid*.[5] Si te suscribes, comienzas cinco mañanas por semana con una historieta diaria de Hugh absolutamente gratis. Hugh lo describe como «una pequeña risa en tu bandeja de entradas, para comenzar el día con el pie derecho (por así decir)».[6]

Este concepto «gratis» fue tremendo para mí. Escribí un libro electrónico llamado *Creating Your Personal Life Plan* y lo ofrecí gratis a todo el que se inscribiera.[7] Si quieres considerar hacer algo similar, puedes comenzar con una serie de entradas que hayas escrito. Solo dales la forma de un libro electrónico.

5. Diseña una plantilla de correo electrónico de marca. Por lo que me proponía, contraté a un diseñador para que hiciera la plantilla en MailChimp. Si haces lo mismo, recuerda que es importante que los elementos de marca concuerden con los de tu blog. Incorporar los botones de medios sociales es una obligación, así la gente puede compartir tus entradas con sus amigos y seguidores. Quieres que tus suscriptores sientan que están obteniendo un producto de alta calidad.

6. Haz un seguimiento de los suscriptores. Uso la respuesta automática de MailChimp para enviar un mensaje de bienvenida después que confirman su suscripción. Allí es donde les agradeces por suscribirse y les cuentas qué pueden esperar. Después de tres semanas, envías otro mensaje, agradeciéndole de nuevo e invitándolos a compartir tus entradas con sus amigos. Para ese momento, con suerte, han hallado el valor en lo que escribes.

7. Recuerda a los lectores que se suscriban. Mi ventana emergente desaparece después de las primeras tres veces que un lector me visita. (Pienso que después de eso se vuelve molesto.) Te recomiendo que insertes un formulario de suscripción al final de cada entrada. Esto sirve de recordatorio una vez que han terminado de leer. A algunas personas puede llevarles varias entradas sentirse cómodos con la idea de suscribirse.

Tus tácticas pueden variar, según dónde estás como *bloguero*. Sin embargo, los principios se aplican en todos los niveles. Con un pequeño esfuerzo focalizado —y quizás una modesta inversión de tiempo y dinero—, puedes aumentar drásticamente el número de personas que se suscriben a tu blog.

Promociona tus entradas más antiguas

Como *bloguero*, encontrarás que tus entradas más antiguas, archivadas, normalmente no obtienen mucha atención. El público lector tiende a concentrarse en lo que es nuevo y notable, en lugar de lo que está comprobado y es cierto. Si no lo haces intencionalmente, tus viejas entradas se hundirán en tus archivos, solo para ser descubiertas cuando alguien de casualidad busque una de las claves que usaste en la entrada o en los metadatos. (Esta es una buena razón para asegurarte de que cada entrada esté optimizada para los motores de búsqueda.)

No hace mucho, decidí promocionar intencionalmente mis entradas más antiguas. Como resultado de mis acciones, comenzaron a representar cada vez más parte de mi tráfico diario. De hecho, hoy representan entre el 30 y el 40% de mi tráfico total. En efecto, ¡puedes expandir tu alcance usando material ya trabajado!

Esto es lo que hice, y lo que puedes hacer, para dar nueva vida a tus entradas más antiguas:

1. **Identifica tus entradas más populares.** Puedes usar las estadísticas de tu *software* para blog o Google Analytics.[1] Esta es una forma para que los lectores seleccionen tu mejor contenido. ¡Dales un voto! Y no tengas miedo de incluir algunos de tus favoritos, aunque no estén entre los principales que generan tráfico. Vale la pena experimentar, creé una lista de mis cien principales. Pero incluso veinte o treinta serían un buen comienzo.

2. **Asegúrate de que cada entrada sigue siendo relevante.** Revisa rápidamente cada entrada. Actualiza las estadísticas o referencias a hechos actuales.

Trata de hacer la entrada lo más eterna posible. Cambié diseños de blog y descubrí que tenía que cambiar el formato de mis fotos para que se adaptaran al nuevo formato. Hice la mayor parte de este trabajo un sábado en la mañana. Valió la pena la inversión de tiempo.

3. **Pasa la fecha de la entrada a la parte inferior.** Lamentablemente, muchos lectores descartarán algo como irrelevante solo porque lo escribiste el año pasado. Por esto, deberías pasar la fecha de la entrada de la parte superior de la entrada, donde grita pidiendo atención, a la parte inferior, donde es menos evidente. No he tenido ni una sola queja respecto de esto.[2]

4. **Escribe una entrada de Twitter por cada entrada de blog.** Crea un nuevo archivo de texto, enumerando cada una de tus entradas principales. Luego escribe una actualización de estado de Twitter separada para cada entrada, usando una pregunta o un hecho que despierten curiosidad como frase atrapante. Recomiendo mantener la entrada de Twitter por debajo de los 120 caracteres para facilitar que tus seguidores *retuiteen*. También, usa un abreviador URL (como bit.ly) y deja en claro que es algo que vuelves a poner. Estos son algunos ejemplos de mi archivo de entradas principales:

¿Dónde encajan los medios sociales en tu estrategia? Este es un modelo simple de tres partes que he encontrado útil. Vuelto a publicar: http://bit.ly/bv7WfP

¿Por qué mantener tu palabra es tan importante, aunque no tengas un contrato? Estas son tres razones. Vuelto a publicar: http://bit.ly/aWmiRA

Muy bien, estás trabajando más horas de las que quisieras. Estas son 10 razones por las que no has terminado todavía. Vuelto a publicar: http://bit.ly/axXXKT

Creo que la esencia del liderazgo se expresa en una palabra: CAMBIO. Tiene tres componentes diferentes. Vuelto a publicar: http://bit.ly/9vJBkW

Como líder, ¿cómo creas alineación en tu organización. Estas son tres estrategias. Vuelto a publicar: http://bit.ly/d8nLlh

---

5. Programa los tuits usando un sistema automatizado. Este es un paso opcional, pero que recomiendo. Podrías simplemente cortar y pegar de tu lista de entradas principales a Twitter, digamos, una vez por día. Pero si contratas un servicio como SocialOomph.com,[3] en realidad puedes programar las entradas todo lo que quieras en el futuro. De hecho, puedes subir todo tu archivo de textos y decirle a SocialOomph que programe una entrada por día a una hora específica. Yo paso una por día a las 11 a. m. Con noventa entradas, se necesitan noventa días antes de que se repita una entrada de Twitter.

6. Incluye tus diez principales entradas de blog en tu página personal. Esta página es más importante de lo que piensas. Recomiendo usar una página personalizada como tu principal vínculo en tu página de perfil de Twitter. No deberías obligar a los nuevos lectores a ir a la pesca de entradas para leer. En cambió, un buen anfitrión, les señala las más populares.

7. Crea una lista en el margen con tus entradas más populares. Muchos temas, como WooThemes,[4] tienen esta característica incluida. Automáticamente mostrará tus entradas más populares o te permitirá poblar la lista con las que quieras hacer más visibles. Personalmente, me gusta poder editar la lista y rotarla cada tanto.

8. Responde a los que comentan. Sigo mencionando esto porque involucrarse con los lectores en la sección de comentarios de tu blog es sumamente importante. La gente hoy no visita un blog para oír un monólogo. Quieren ser parte de la conversación. Por lo tanto, debes involucrarte en nuevos comentarios a entradas antiguas, como si fuera completamente nueva... y lo es para esos lectores. Es una buena forma de fijar el tono y hacerles saber qué pueden esperar en el futuro.

9. No te excedas. Esto es fundamental. Si estás todo el tiempo *tuiteando* o enviando por Facebook vínculos a tus entradas, la gente sentirá que la estás bombardeando. He probado distintas frecuencias y hallo que una entrada principal por día es suficiente. Nunca he tenido quejas. Durante un tiempo, experimenté con dos y recibí varias quejas. Por eso, sé útil sin volverte molesto.

Lo mejor de Internet es que tu contenido siempre está disponible. Pero no significa que la gente lo encontrará o que el contenido recibirá atención. Para impedir que tus viejas entradas mueran en tus archivos, tienes que ser intencional y estratégico.

Escribe entradas como invitado

Mi amigo Jeff Goins escribió una fantástica entrada como invitado en mi blog sobre —qué otra cosa— ¡las entradas de invitados! Esta es una gran manera de expandir tu alcance. Esto es lo que Jeff escribió en toda su extensión (con su autorización, por supuesto). Hazte un favor y suscríbete a su blog.[1]

=

Aunque he estado *blogueando* desde 2005, todavía me siento como un novato a veces. Durante años me he preguntado: *¿Por qué nadie lee lo que escribo?* Quizás te hayas hecho la misma pregunta.

Estoy empezando a descubrir la respuesta. Tiene que ver con la comunidad.

He tropezado con un secreto: el blog es comunal, y los que participan en la comunidad ganan.

Mis lectores y mi influencia han aumentado más en los últimos seis meses que en los seis años anteriores. ¿Por qué? Porque he estado escribiendo más como invitado en los últimos seis meses que en los seis años anteriores.

La mayoría de los *blogueros* pierden el tiempo tratando de aumentar el tráfico en sus propios blogs, mientras descuidan la disciplina esencial de escribir entradas como invitados en otros blogs. Nada puede aumentar tu plataforma como esto.

Considera los siguientes *blogueros*: Leo Babauta (de Zen Habits),[2] Brian Clark (de CopyBlogger),[3] y Chris Brogan (de Chrisbrogan.com).[4]

Todos han escrito como invitados como una forma de acrecentar el alcance de su blog. Y tú también puedes.

Escribir como invitado es maravilloso para los motores de búsqueda, te introduce a nuevas comunidades (y ellas a ti), y permite que tus ideas se divulguen más libremente.

Esta es una estrategia de mercadeo ideal para cualquier *bloguero*, pero pocos saben cómo hacerlo bien.

Esto son siete pasos para escribir como invitado de un modo exitoso:

1. **Chequea las instrucciones.** Muchos blogs establecidos tienen una lista de instrucciones que puedes seguir para hacer una entrada como invitado. Antes de enviarla, lee las instrucciones y síguelas.

2. **Estudia el blog.** Investiga un poco para comprender el tema y la voz del blog y para ver qué temas no se han cubierto todavía. Si conoces a alguien que ya escribió como invitado en el blog, pregúntale cómo lo hizo.

3. **Contacta al *bloguero*.** El correo electrónico es probablemente lo mejor. En el mensaje, ve directo al grano. Presenta una idea o envía todo el artículo, pero no pierdas el tiempo con halagos innecesarios o auto-desprecio. No pidas disculpas, y no seas arrogante. Sé tú mismo.

4. **Escribe la mejor entrada que puedas.** (Esto puede ser concurrente con el número 3.) Una vez que hayas entrado en contacto con el *bloguero*, puedes comenzar a escribir. Lucha contra la tentación de retener tu contenido «10» para tu propio blog. Las entradas como invitado son tu mejor aliado de mercadeo, así que no presentes nada menos que lo mejor. Una vez terminado, envía la entrada lista para publicar al *bloguero* con un encabezado con tu nombre y el vínculo a tu sitio web.

5. **Realiza un seguimiento.** De acuerdo con las instrucciones, da al *bloguero* un tiempo (por lo general una semana) antes de hacer el seguimiento. Cuando lo hagas, sé siempre positivo y cortés. Puedes volver a hacer el seguimiento una o dos semanas después. Si no sabes nada en un mes, dile al *bloguero* que te gustaría presentar el artículo en otro lugar.

6. **Involúcrate y promociona.** Si el *bloguero* pone tu artículo, en primer lugar, agradécele. Luego trátalo como si fuera tu propia entrada o

mejor. *Tuitéala*, copártela, envíala por correo electrónico, etc. Cuelga un extracto en tu propio blog y vincúlalo con el artículo completo. Interactúa en los comentarios e involúcrate con los lectores que responden. Esto es obligatorio.

7. Repite. Tengas éxito o no, comienza todo el proceso de nuevo. Si eres rechazado, no te desalientes. Y no dejes que sea la última vez que intentas una entrada como invitado. A veces, lo único que está mal es el tema. Otras veces, no es el público indicado. Más allá de esto, tienes que intentarlo más de una vez para que sea una estrategia eficaz. Así que no te des por vencido.

Un último pensamiento: si el *bloguero* es del mismo lugar (o viaja), trata de encontrarte con él para tomar un café. Las mejores relaciones de blog surgen de relaciones.

Los *blogueros* de elite en Internet han gestado su grupo de lectores a través de esta simple, pero efectiva estrategia de escribir en otro blog. Y tú puedes aumentar tu blog haciendo lo mismo.

Este es un buen consejo. Actualmente, todas las semanas pongo en mi blog una entrada de un invitado. Los *blogueros* que han participado a menudo informan que han tenido su día de mayor tráfico de la historia. Pero también es una ayuda para mí: es una entrada menos que tengo que escribir y da a mi audiencia cierta variedad. El resultado: ambos ganamos... al igual que la comunidad en línea.

Regala cosas

En la década del 2000, fuimos testigos de la «revolución de lo gratis». Los vendedores regalan todo: desde libros y *software*, vacaciones e incluso automóviles. Esto ha forjado la conducta del consumidor hasta el punto que la gente suele esperar lo gratuito y se enoja cuando tiene que pagar.

Gratis no es ciertamente viable en un modelo comercial de largo plazo. Sin embargo, puede ser una brillante estrategia de mercadeo, como hemos mencionado. Muchos individuos y empresas están usando esta estrategia de un modo muy eficaz para:

- **Construir listas de mailing.** Como mencioné en un capítulo anterior, por un período de tiempo ofrecí un ejemplar gratis de mi libro electrónico, *Creating Your Personal Life Plan*,[1] a todo el que se inscribía para recibir las actualizaciones de mi blog a través del correo electrónico. En los primeros seis meses, generé 23,326 suscripciones.

    Interweave Company lo hace sumamente bien. Tienen varias comunidades de pasatiempos en línea, una de las cuales es para quienes hacen edredones. Quilting Arts es la comunidad en línea número uno para los artesanos contemporáneos. Si te unes a ella, hay cinco regalos inmediatos que puedes bajar, incluyendo moldes, instrucciones para proyectos y más.[2]

- **Generar reseñas de clientes.** Hace unos años, Thomas Nelson lanzó BookSneeze,[3] un sitio web diseñado para poner sus libros en manos de *blogueros* (*sneezers* «estornudadotes») que pudieran «infectar» a sus lectores. Dejamos que eligieran qué libro querían reseñar a cambio de una honesta reseña en su blog. El programa tiene ahora más de veinte mil *blogueros* participantes. Ha generado miles de reseñas para Thomas Nelson.

- **Brindar muestras de productos**. Suponiendo que tienes un gran producto, ¡y este es un prerrequisito, lo mejor que puedes hacer es sembrar el mercado con muestras gratis. Por ejemplo, hace un tiempo, regalé cien copias gratis del nuevo libro de Marcus Buckingham *StandOut*. Generé 1,353 comentarios, 567 *retuits* y 340 «compartir» en Facebook. Lo más importante para el editor, ayudó a poner el libro número cuatro en el *ranking* general de ventas de Amazon.com.

Entonces, ¿cómo se aplica esto a ti? Simple. Deberías usar lo gratuito para impulsar tu estrategia de mercadeo. Puede ayudarte a construir tu plataforma y lanzar tus productos. Estas son diez ideas rápidas para que lo gratuito funcione para ti.

1. **Ofrece muestras de tu producto a clientes potenciales.** Podrían ser los dos primeros capítulos de tu libro, las primeras dos canciones de tu disco, una pequeña muestra de tu producto, una única consulta por un servicio, o una grabación de una presentación tuya en vivo.

2. **Ofrece un libro electrónico o un informe especial a cambio de suscripciones a tu boletín.** HubSpot es un maestro en esto. Mientras escribo este capítulo, están ofreciendo la descarga gratuita del libro electrónico *10 Commandments of Marketing Automation*.[4]

3. **Ofrece una copia gratuita de tu producto a blogueros a cambio de una reseña honesta en su blog.** Comienza con los *blogueros* que conoces y sigues.

4. **Ofrece múltiples ejemplares gratuitos de tu producto a *blogueros* más grandes.** A cambio, hablarán de tu producto y organizarán una forma de regalarlos a sus muchos suscriptores. Puedes ofrecer menos ejemplares a blogs más pequeños y más a los más grandes.

5. **Ofrece tu tiempo gratis a gente que compra diferentes cantidades de tus productos.** Como mencionamos en un capítulo anterior, Gary

Vaynerchuk hizo esto con su libro *Crush It!* para impulsar las listas de *best sellers.*[5]

6. **Ofrece una copia gratis del producto en otro formato a clientes que compran en tu formato principal.** Por ejemplo, ofrece una copia gratis del audiolibro a todo el que compre el libro en papel.

7. **Ofrece una entrada gratuita a todo el que consigue que dos de sus amigos compren una entrada.** Podrás hacer esto en términos de ventas de mercancías y de visibilidad adicional.

8. **Ofrece bonificaciones gratis (por ejemplo, un libro de ejercicios, una guía de debate grupal, un curso en video) a todo el que compra tu producto principal.** Sería más fácil hacer esto como una descarga gratuita.

9. **Ofrece una membresía gratis en tu foro o club pago a todo el que compre tu producto principal.**

10. **Ofrece un seminario o una presentación gratis y luego vende tus productos en el evento.**

Hay literalmente otras cientos de formas en que puedes usar lo gratuito para impulsar tu estrategia de mercadeo y crear visibilidad y entusiasmo por tus productos.

CUARENTA

Deja de perder lectores

Si quieres aumentar tu plataforma, y obviamente lo quieres o no estarías leyendo este libro, no puedes darte el lujo de perder lectores. Muchos *blogueros* se interponen en su propio camino y pierden el público que han luchado fuertemente por conseguir. ¿Por qué? Porque violan algunas reglas muy simples.

Si estás en riesgo de hacer lo mismo, este es el mensaje que me gustaría enviarte.

===

Estimado/a [insertar el nombre]

Soy una persona muy leal. He estado casado con la misma mujer durante treinta y tres años. La mayoría de mis amigos personales cercanos han sido mis amigos durante una década o más. He ido a la misma iglesia durante veintiocho años. Una vez que te dejo entrar en mi vida, casi nunca te pido que te vayas.

Esta no fue una decisión fácil. Tu archivo RSS ha estado en mi Google Reader durante mucho tiempo. Meses. Quizás años. Pero finalmente presioné el botón para dejar de estar suscripto. Me cansé.

¿Por qué? Es probable que por una de estas seis razones:

1. **Tus títulos me hacen bostezar.** Mira, reviso unas doscientas entradas de blog y nuevos ítems por día. Si tu título no me arrastra al contenido, ¿qué lo hará? Tienes que pasar tanto tiempo en el

titular como en el resto del artículo. No intentes ser simpático; sedúceme.

2. **Tus entradas son aburridas.** He intentado estar interesado. En realidad lo he estado. Pero no usas relatos, ilustraciones o metáforas. Tu prosa es sermoneadora y didáctica. Y seca como el polvo. Se me cierran los ojos.

3. **Tus entradas son demasiado infrecuentes.** No has subido nada en semanas. O meses. Como muchos aspirantes a *blogueros*, comenzaste bien, pero abandonaste demasiado rápido. Estoy seguro de que tienes razones legítimas, pero estoy cansado de esperar. A nadie le importa. Escribe o desaparece.

4. **Tus entradas son demasiado largas.** Sé que quieres hacer justicia al tema. Demostrar lo que piensas. Considerar cada aspecto. Responder las críticas. Y no dejar ninguna piedra sin revisar. Pero, honestamente, estás agotándome. Si quiero leer un libro, lo compro. Se supone que estás escribiendo un blog. ¿Una buena regla? No más de quinientas palabras.

5. **Tus entradas no tienen demasiado foco.** Un día escribes sobre esto. Al siguiente, escribes sobre aquello. ¿De qué se trata tu blog? Por favor, recuérdamelo, porque estoy perdido en el bosque de tus intereses eclécticos. No eres un hombre (o una mujer) del Renacimiento. Eres un indisciplinado.

6. **No participas en la conversación.** O no permites comentarios o no participas en ellos. Tus entradas son bateo la pelota y salgo corriendo. Entras en la sala, haces un pequeño discurso y te vas del edificio. Lo siento, pero eso es tan del siglo pasado. No eres tan importante.

Atentamente.
Michael Hyatt

CUARENTA Y UNO

Observa estas mediciones

Cuando la gente está tratando de tener la sensación de cuán significativa es tu plataforma, la mayoría observa las estadísticas específicas de los medios sociales como variable para esto, incluso aquellas relacionadas específicamente con blogs, Facebook y Twitter.

Para obtener estadísticas precisas, debes inscribirte para tener una cuenta gratuita en Google Analytics.[1] Este es el estándar de oro cuando se trata de informar sobre estadísticas en la web. Es relativamente fácil, pero difiere según el sistema de blog que estés usando y su configuración.

Estas son las seis mediciones estadísticas que la mayoría de la gente con fluidez en los medios sociales considera relevantes.

1. **Visitantes únicos por mes.** Este es el número de individuos únicos que han visitado tu blog en los últimos treinta días. Por ejemplo, una persona puede visitar tu blog tres veces en una semana, pero esto contaría solo como un visitante único. Nota que los suscriptores RSS y por correo electrónico no cuentan en tu total. Para un cálculo real, debes agregar el número de suscriptores que tienes a este total mensual.

2. **Vistas de página por mes.** Este es el número de páginas en tu sitio que los visitantes han visto en el último mes. Si divides este número por el total de visitantes únicos, obtienes el promedio de páginas vistas por cada visitante. Este número es importante para los posibles anunciantes de tu blog. ¿Por qué? Porque básicamente están comprando el número de impresiones que su aviso tendrá en tu sitio.

3. Cambio porcentual en los últimos doce meses. Esta es la tasa de crecimiento en los últimos doce meses. La fórmula es así: visitantes únicos en los últimos treinta días, menos visitantes únicos para el mismo período doce meses atrás, dividido por los visitantes únicos para el mismo período doce meses atrás, multiplicado por cien. Para mí, sería 166,103 (visitantes únicos en mayo de 2011), menos 54,326 (visitantes únicos en mayo de 2010), dividido 54,326, multiplicado por 100, igual a 205.8 de crecimiento porcentual.

4. Número promedio de comentarios por entrada. No todos los sistemas de comentarios siguen el rastro de esta estadística. Disqus,[2] el sistema que uso y que recomiendo profundamente, brinda una «instantánea analítica» que te dice cuántos comentarios recibiste hoy, el último mes y desde que comenzaste. Por ejemplo, el mes pasado tuve 4,608 comentarios. Divide eso por veinte entradas, es decir un promedio de 230 comentarios por entrada. Esto demuestra cuán comprometido está tu público con tu contenido. También puedes incluir el número promedio de *retuits* o de «compartir» o «me gusta» en Facebook por entrada.

5. Número total de suscriptores del blog. La gente que se suscribe por correo electrónico o RSS representa tus lectores más leales o tus superfans. Han hecho el esfuerzo de inscribirse para recibir tu contenido. Lo que es más importante, te han dado autorización para que los llenes de contenido. Podría decirse que este activo basado en la autorización es el más importante que tienes.

6. Número total de seguidores de Twitter y de fans de Facebook. Estos son los dos vehículos principales que usarás para echar a correr la voz sobre tus nuevas entradas de blog. Si bien el número total de seguidores puede ser importante, es más importante mostrar cuán involucrados están. ¿Cuántas veces has sido *retuiteado* en los últimos treinta días? ¿Cuántos «me gusta» o «compartir» de Facebook has tenido? Si realmente quieres ser sofisticado, busca tu puntaje de Klout.[3] Esta es una medida de tu influencia con el público.

Nota que no mencioné *hits*. Elimina esta palabra de tu vocabulario de medios sociales. El término *hits* se refiere al número total de pedidos que tu blog o sitio web hace al servidor. Por ejemplo, si tienes una página con muchas imágenes, algunos programas JavaScript, y extractos de una docena de entradas, podrías tener entre veinte y cincuenta *hits* por página cargada. Este número es irrelevante... al menos en lo que a tráfico se refiere.

Si comienzas a seguir las estadísticas que mencioné arriba, sin embargo, puedo casi garantizarte que comenzarás a ver crecimiento. Lo que se mide suele empezar a mejorar.

CUARENTA Y DOS

Únete a Twitter

Una de las herramientas más importantes para expandir el alcance de tu plataforma es Twitter. Si no estás ya *tuiteando* (es decir, subiendo contenido), te insto a que leas este capítulo con atención. Tienes que saber que en un momento tuve probablemente las mismas dudas que tú.

¿Qué es Twitter? Me alegra que hayas preguntado. La página de inicio de Twitter lo dice mejor:

> Twitter es una red de información en tiempo real que te conecta con la última información sobre lo que encuentras interesante. Simplemente, descubre la corriente que consideres más atractiva y sigue las conversaciones.[1]

Tuitear requiere muy poco tiempo. Para empezar, solo tienes que entrar 140 caracteres por vez. Esto significa que puedes entrar mensajes muy cortos, directos. En la práctica, esto significa que, como usuario de Twitter, te actualizas varias veces al día, pero eso casi no te lleva tiempo. Yo hago la mayor parte de esto desde mi iPhone.

Si te estás preguntando por qué debes considerarlo, aquí tienes doce razones:

1. Te permitirá experimentar las redes sociales de primera mano. Una de las cosas que más me molesta es cuando la gente pontifica sobre las nuevas tecnologías, pero en realidad nunca las han usado. Los verdaderos usuarios siempre pueden distinguirlos. No hay sustituto para la experiencia personal.

2. **Te hará un mejor escritor.** Como Twitter solo te permite entrar 140 caracteres por vez, te ves obligado a ser conciso. En mi opinión, esta es una de las marcas de una buena redacción. Mensajes cortos. Párrafos cortos. Oraciones cortas.

3. **Te ayudará a mantenerte conectado con la gente que te importa.** Twitter es una de las pocas tecnologías que considero que verdaderamente contribuye a la comunicación. En el mundo ocupado de hoy, es difícil mantenerse al tanto del otro. Twitter lo hace fácil... y divertido. Por ejemplo, puedo estar conectado con mi hija que está lejos en la universidad o con mi amigo Bog Goff a quien solo logro ver en persona unas pocas veces al año.

4. **Te ayudará a ver un nuevo ángulo de tus amigos.** De un modo bastante extraño, Twitter humaniza a la gente y brinda un contexto para comprenderla mejor. Si me sigues en Twitter, por ejemplo, rápidamente verás que me entusiasmo, me aburro, me frustro, me siento confundido... a veces todo en el mismo día. También te enterarás de qué es importante para mí y qué me vuelve loco.

5. **Te presentará nuevos amigos.** Ahora he conocido personas nuevas a través de Twitter. Han contribuido a mi vida en formas pequeñas pero significativas. Mi esposa, Gail, y yo hemos cenado con una pareja que conocimos a través de Twitter.

6. **Es más rápido que los mensajes de textos.** En cierto sentido Twitter es un sistema de mensajes de texto universal. Puedes publicar para todos tus seguidores (es decir, la gente que se suscribe a tu *feed* de Twitter) o enviar un mensaje directo solo a uno. Como resultado, casi he dejado de enviar mensajes de texto. En la única ocasión que lo uso es para responder a alguien que me envía un mensaje fuera de Twitter.

7. **Te hará pensar en tu vida.** Cuando respondes la pregunta: «¿Qué estoy haciendo?», comienzas a ver tu vida a través de la lente de la gente que te sigue. Lo que resulta interesante es que eso me ha hecho pensar más en mi vida y actuar con más intención.

8. **Te ayudará a mantenerte al día con aquello de lo que la gente está hablando.** A través de Twitter, me he enterado de libros interesantes, *software* útil,

noticias de último momento e incluso de grandes restaurantes. Como la información proviene de gente real que se preocupa lo suficiente como para *tuitearla*, he descubierto que es más valiosa y auténtica.

9. **Puede crear tráfico para tu blog o tu sitio web.** Cuando comencé a *tuitear*, noté un 30 por ciento de repunte en el tráfico de mi blog en treinta días. Puede estar relacionado con el hecho de que estaba más en las noticias o estaba escribiendo entradas más controversiales. Sin embargo, creo también que se relacionó con el hecho de que estaba *tuiteando* cada vez que subía una nueva entrada al blog. Esto pareció tener un efecto viral.

10. **Requiere una inversión muy pequeña.** Twitter en sí mismo es un servicio gratuito. En términos de tiempo, probablemente invierta menos de treinta minutos por día. Como los *tuits* se limitan a 140 caracteres o menos, puedes leerlos en un segundo o dos. Escribir uno suele llevar menos de treinta segundos.

11. **Puede ayudarte a construir tu marca personal.** Cuando la gente oye tu nombre, ¿qué le viene a la cabeza? ¿Cuál es tu reputación? ¿Cuál es la «promesa de marca»? Las marcas se construyen gradualmente, de a una interacción por vez. Twitter te da una forma más de construir tu marca, de a un *tuit* por vez.

12. **¡Es divertido!** Twitter es puro entretenimiento. Seguir a tu familia y tus amigos es como ver un *reality show* por TV. La diferencia es que conoces a la gente y te interesas de verdad en ellos. En este sentido, hasta es más divertido, porque conoces a esa gente en otros contextos. ¿No me crees? Haz la prueba.

Probablemente hay algunos aspectos negativos de Twitter que estoy ignorando o no reconociendo. Pero ¿no preferirías unirte a la lucha y forjar el futuro de las redes sociales en lugar de sentarte a un costado a tirar piedras? Lo que es más importante: Twitter tiene el poder de reformar por completo el modo en que haces mercadeo... es decir, llegar a tu tribu e involucrar a sus miembros.

Pero primero tienes que saber lo básico de Twitter.

CUARENTA Y TRES

Comprende lo básico de Twitter

Entonces, te he convencido de que debes echar un vistazo a Twitter. Esta simple guía paso a paso te levantará y te pondrá a correr rápidamente. Solo sigue estos pasos.

1. **Configura tu cuenta.** Ve a Twitter[1] para comenzar. Entra tu nombre, tu correo electrónico y tu clave. Da un clic en **Registrarse**.

Te aparecerá una segunda pantalla en la que puedes seleccionar un nombre de usuario. Este es el nombre por el que serás conocido en Twitter. ¿Qué nombre deberías usar?

Tu nombre real es el mejor... si está disponible. Si no, puedes tratar de usar una inicial media o colocarle delante algo como *el* o *real* (por ejemplo, «ElFrankDavis» o «RealFrankDavis»).

Además, recomiendo usar mayúsculas iniciales y dentro de la palabra. Hará que tu nombre de usuario se lea y se recuerde mejor. Por ejemplo, yo uso «MichaelHyatt», en lugar de «michaelhyatt».

Enseguida presiona el botón **Crear cuenta**. Es todo. Ahora eres miembro oficial de la comunidad Twitter. ¡Felicitaciones!

Luego, Twitter te ayudará a comenzar. Te explicará que es un *tuit* y te dará la posibilidad de «seguir» a algunos amigos, personas populares o marcas. Puedes descartar estos pasos por ahora si deseas. Haz clic simplemente sobre el vínculo **Saltar este paso**.

Twitter te dará también una chance de ver si algunos de tus amigos están en Twitter chequeando tu carpeta de direcciones en línea. Sin embargo, tus contactos tendrán que estar en uno de los servicios de apoyo: Gmail, Hotmail, Yahoo o AOL. Además solo verás los usuarios que han permitido que sus cuentas se encuentren a través de la dirección de correo electrónico.

Esto no fue tan útil para mí cuando comencé, ya que mis contactos estaban en el Outlook de Microsoft. Tenía una cuenta de Gmail, sin embargo, de modo que exporté mis contactos del Outlook y luego los importé a Gmail. Funcionó sin fallas. Si te quedas varado, olvida este paso. Puedes agregar a tus amigos después.

2. **Ajusta la configuración.** Asegúrate de estar en la página de inicio de Twitter. Haz clic en el vínculo de **Configuración**. Deberías estar en la pestaña **Cuenta**. Configura la zona horaria.

No marques «Proteger mis actualizaciones», a menos que solo quieras que aquellos que apruebas puedan verlas. Francamente, si tildas esta opción, se limitará seriamente tu diversión. Haz todos los otros cambios que quieras. Presiona el botón **Guardar**.

Luego, da un clic en la pestaña **Perfil**. Sube tu foto. Esto es importante. Muchos usuarios de Twitter (incluido yo) no seguirán usuarios sin fotos, porque es un signo evidente de que se trata de un *spammer*. Recuerda que el tamaño máximo de la foto es 700k, de modo que puedes tener que modificar tu imagen para que cumpla con este requisito.

Entra el resto de tu información, incluidos tu ubicación, sitio web o blog (si tienes), y una breve biografía. Esto también es importante para evitar que te rotulen de *spammer*. Tu biografía puede ser seria o divertida, pero debe ser breve: no más de 160 caracteres.

Nota que también puedes conectar tu cuenta de Twitter con Facebook en esta página. Esto publicará todos tus *tuits* directamente en Facebook. Personalmente no lo recomiendo, pero quizás tu lo quieras. Siempre puedes cambiar la configuración después.

Cuando hayas terminado, presiona el botón **Guardar**.

3. **Configura el teléfono.** Twitter es mucho más divertido si lo conectas a tu teléfono celular. Al hacer esto, puedes recibir actualizaciones de aquellos a quienes estás siguiendo (o solo algunos de ellos), así como enviar tus propias actualizaciones. Todo se hace a través de mensaje de textos (por ejemplo, SMS). Te advierto de antemano: si bien Twitter no te

cobra nada por este servicio, tu empresa telefónica podría hacerlo. Es una buena idea verificar y asegurarte de que tienes un plan con mensajes de texto ilimitados. No quisieras ser sorprendido con una factura telefónica inmensa.

Una vez más en el vínculo **Configuración**, haz clic en la pestaña **Celular**. Entra el número de tu teléfono celular y presiona el botón **Comenzar**. Ahora toma tu teléfono y escribe en un mensaje de texto el código que Twitter te da a 40404 (el número puede ser diferente si estás fuera de Estados Unidos). Ten paciencia. Finalmente, Twitter confirmará que tu aparato está registrado.

Si usas un iPhone, Twitter está incorporado en el sistema operativo (al menos si usas el modelo iOS 5 o más). Puedes configurarlo abriendo la aplicación **Preferencias**, bajando por la pantalla, y tocando la sección **Twitter**. Esto te dará la posibilidad de publicar actualizaciones para Twitter desde muchas aplicaciones de iPhone, entre otras, la aplicación de fotos.

Mientras estés en tu teléfono celular, crea un contacto llamado «Twitter». Para el número de teléfono celular, usa 40404. Ahora cada vez que quieras enviar una actualización, lo harás a través de este nombre de contacto.

4. Sigue a tu familia y amigos. Si ya no lo has hecho, agrega a tu familia y a tus amigos haciendo clic en el campo **Buscar** en la parte superior de tu página de inicio. Puedes escribir un nombre de usuario o el primer nombre y el apellido. Cuando lo hagas, obtendrás una lista de usuarios que concuerde con tus criterios de búsqueda.

También puedes hacer una búsqueda más avanzada (por ejemplo, por ubicación) haciendo clic en **Refinar resultados** o yendo directamente a la página de **Búsqueda avanzada**.

Puedes comenzar a seguir a tus amigos haciendo clic simplemente en el botón **Seguir**. Si quieres seguirlos también en tu teléfono celular, entonces puedes pasar **Actualizaciones en Aparatos** a sí. Personalmente, solo sigo a mi familia y a unos pocos amigos en mi celular. Siempre podrás ver a todos los que sigues en la página de inicio de Twitter.

5. Aprende los comandos básicos. Piensa en Twitter como en una habitación llena de gente sentada en un círculo. Es una conversación. Cuando actualizas tu estado, estás hablando a todo el grupo. Todos pueden oír lo que tienes para decir.

- *Respuestas.* Si quieres dirigir tus comentarios a una persona en el círculo, pero lo suficientemente fuerte como para que todos puedan oír, usa la función **Responder**. Te diriges a la persona usando su nombre de usuario de Twitter precedido por el símbolo @, Por ejemplo:

  > *@spencesmith Me corto el pelo en Dion's South,*
  > *en el centro de Franklin.*

  Todos los que siguen a Spence y a mí verán el mensaje, pero yo lo estoy dirigiendo específicamente a Spence. (Los que no nos están siguiendo *a los dos* no verán el mensaje en su *feed* de Twitter.)

  También puedes usar este protocolo (@+nombre de usuario) para referirte a alguien por su nombre. Es decir, lo *mencionas.* Por ejemplo:

  > *Estoy yendo a cenar a Tin Angel con @gailhyatt y @meghmiller.*
  > *No veo la hora de probar el nuevo menú.*

  El hecho de mencionar a alguien usando @ más su nombre de Twitter es que este se convierte en vínculo vivo. Si alguien que me está siguiendo hace clic en uno de los nombres, automáticamente irá a la página de Twitter de esa persona. Esto le dará la oportunidad de seguir a esa persona también.

- *Mensajes directos.* Siguiendo con la metáfora de una conversación en una habitación llena de gente, también puedes usar la función de mensaje directo. Esto es como susurrar algo a alguien en el oído. Esta persona puede oírte, pero los demás no. Estás dirigiéndole el mensaje solo a ella. Por ejemplo:

*d lnobles ¿Puedes traerme el cuaderno de Revisiones
Comerciales a la cafetería de la sala de conferencias?*

O

*d gailhyatt Parece que no voy a poder irme de la oficina
hasta dentro de 30 minutos. Mala suerte.*

Los mensajes directos de Twitter han reemplazado en gran
medida a los simples mensajes de texto en mi caso y en el de
muchas personas que conozco.

* *Hashtags.* Probablemente estés familiarizado con etiquetar fotos
con un breve fragmento de texto. Twitter tiene esta capacidad
también. El símbolo #, llamado un *hashtag* se usa para marcar
palabras clave o tópicos en un *tuit.* Fue creado orgánicamente
por los usuarios de Twitter como una forma de categorizar mensajes. Si haces clic en un *hashtag*, te mostrará todos los otros *tuits*
asociados con ese *hashtag.*

    He asistido a muchas conferencias en las cuales se
anunciaba un *hashtag* oficial. Esto permite que todos los
de la conferencia rastreen lo que los demás están diciendo
sobre esta.

    Por ejemplo, alguien podría decir:

*Hombre, me encantó la charla de apertura de @Andy Stanley.
Nunca deja de hablarme a mí. #cat2011*

#Cat2011 fue el *hashtag* de la Catalyst Conference en Atlanta
en el otoño de 2011.

* *Otros mandatos.* Puedes agregar gente que quieres seguir desde
tu teléfono celular. Solo escribe «Seguir [nombre de usuario]».
Por ejemplo:

Seguir KenDavisLive

Puedes chequear tus estadísticas, la cantidad de gente que estás siguiendo más la cantidad de gente que te sigue, desde tu teléfono celular escribiendo «stats» sin ningún texto adicional.

Para cancelar todas las actualizaciones de Twitter en tu teléfono, envía:

Off

Para recuperarlas, envía:

On

Puedes encontrar respuesta a casi todas las preguntas sobre Twitter en el Centro de Ayuda.[2]

6. Comienza a *tuitear*. Ya estás totalmente configurado. Es hora de empezar a *tuitear*. Puedes hacerlo desde la página de inicio de Twitter o desde tu celular.

Lo principal que tienes que saber es que el mensaje no puede tener más de 140 caracteres. Si usas la página web, el campo de entrada automáticamente contará los caracteres. Después de un tiempo, sabrás instintivamente cuánto es eso. Rara vez sobrepaso el límite. Pero si te pasa, no es gran cosa. Tu mensaje solo quedará truncado.

¿Con cuanta frecuencia debes *tuitear*? Esta es la pregunta de treinta caracteres. Mi hija @meghmiller dice: «No *tuitees* más de seis veces por día». Personalmente creo que entre diez y veinte está el límite superior. Obviamente, hay un equilibrio allí.

La verdadera cuestión es si estás o no agregando algo de valor. Hay una vieja rutina de comedia de Jerry Seinfeld llamada «Viaje Aéreo». En ella habla de los pilotos de líneas aéreas que insisten en hablarnos de la ruta que estamos tomando. (Como si a alguno le importara.)

Dice que, como pasajeros, no golpeamos la puerta de la cabina y decimos: «Ah, por cierto, estoy comiendo los maníes ahora». (Obviamente esta era una rutina anterior al 11 de septiembre.) Entonces, ¿por qué los pilotos sienten la necesidad de ponernos al tanto? Lo único que nos importa es llegar a destino.

Del mismo modo, nadie quiere probablemente enterarse de cada paso de tu vida, pero algunos comentarios de color son buenos. Sin embargo, esto es definitivamente un arte, no una ciencia, de modo que no hay reglas rígidas, rápidas.

Más allá de eso, deberías considerar cada actualización de Twitter como una impresión de marca. Estas desarrollando una reputación con tus amigos en línea, de modo que debes asegurarte de que estás agregando algo a la conversación.

Esto no es muy diferente de una conversación cara a cara. Quieres decir algo que sea interesante, útil o puro entretenimiento. No lo pienses demasiado, pero no *tuitees* la primera cosa que te surja en la cabeza.

7. **Ten cuidado.** Definitivamente tienes que ser cauto. Probablemente no sea una buena idea decir algo como: «Estoy yendo a la Costa Oeste por una semana. Mi pobre y bella esposa va a quedarse sola en casa». Mala idea.

También he tenido cierta experiencia con acosadores, de modo que puedes solo querer *tuitear después* de haber ido a algún lugar, no antes. De lo contrario, podrías hallar gente que aparece para observarte. (No te rías. Me ha sucedido en varias ocasiones.)

8. **Considera aplicaciones de terceros.** Ha surgido todo un ecosistema en torno de Twitter. Estas son algunas de mis aplicaciones favoritas.

- *HootSuite.*[3] Esta es la aplicación que uso para manejar Twitter en mi *desktop*. Incluso gestionará mis perfiles y páginas de Facebook, LinkedIn y otros servicios de medios sociales. Es genial porque te permite segmentar la gente en grupos (o columnas). Tengo grupos para mi familia, mis amigos cercanos, mis colegas, etc. Está disponible para sistemas de *desktop* y aparatos móviles.

- *Buffer.*[4] Uso esta aplicación para programar mis *tuits*, así no inundo a mis seguidores con una cadena de entradas todas juntas. En cambio, las pongo en Buffer y esta aplicación dispersa mis *tuits* a lo largo del día. Te da un control tremendo. Puedes determinar con qué frecuencia y en qué momentos *tui-*

teas. Viene con extensiones para los *browsers* más populares, de modo que puedes programar un *tuit* directamente de una página web. También te permite programar actualizaciones de estatus de Facebook.

- *SocialOomph.*[5] Uso esta aplicación para programar en masa toda una serie de *tuits*. Por ejemplo, he identificado mis noventa entradas de blog más populares. He escrito un *tuit* para promocionar cada una de ellas. A través de SocialOomph, programo un *tuit* por día a una hora específica. Subo el archivo de texto a SocialOomph y me olvido del tema. Todo está en piloto automático. También programa entradas a Facebook. Esto es algo que no puedes hacer con Buffer.

Es fácil verse abrumado por todas las aplicaciones para Twitter de terceros. No. Comienza con HootSuite y luego incorpora a partir de allí cuando tengas el tiempo y las ganas.

Twitter se aprende mejor usándolo. Lo más importante que puedes hacer es comenzar. En realidad no puedes cometer tantos errores... y la comunidad de Twitter es muy hospitalaria y receptiva. Solo recuerda divertirte y disfrutar de la gente que conoces en línea.

¡No descartes Twitter!

Recientemente, hice una entrevista con nuestro periódico local aquí en Nashville sobre mi uso de Twitter. El periodista me pidió que respondiera a algunas de las objeciones habituales que tiene la gente para usar Twitter. Se me ocurrieron cinco. Después de la entrevista decidí preguntar a mis seguidores de Twitter para ver si podía captar todas las objeciones. *Tuiteé* esto:

> *Por favor, ayúdenme con mi investigación para una entrada de blog:*
> *¿Por qué tus amigos no tuitean? ¿Qué razones te dan?*

Sorprendentemente, obtuve cinco objeciones más, lo que hace un total de diez.

Luego creé una encuesta en SurveyMonkey,[1] la *bloguée*, y pedí a mis seguidores de Twitter y lectores del blog que votaran las tres razones principales que sus amigos tenían para no usar Twitter. Más de setecientas personas participaron de la encuesta y estos son los resultados:

1. **«Simplemente parece tonto».** Esto es precisamente lo que dije a mi amigo Randy Elrod cuando me presentó el servicio. Sabiamente me dijo: «Realmente no entenderás Twitter hasta que lo pruebes». Todavía pienso que tiene razón. Por lo tanto, si no usas Twitter, desafíate a probarlo por dos semanas. Si no te gusta después de eso, bien. Al menos, sabrás de primera mano por qué no funcionó para ti.

2. **«No entiendo cómo hay que hacer».** Me lo dicen mucho. No hay problema. Esa es la razón por la que escribí el capítulo anterior «Comprende

lo básico de Twitter». Supone que algunos de ustedes no saben nada de Twitter y los acompaña en la comprensión de los elementos básicos. Si tienes amigos que no *tuitean*, una de las mejores cosas que puedes hacer por ellos cuando están comenzando es ayudarlos con el material de ese capítulo. (Puede remitirlos a mi entrada de blog,[2] si prefieres.)

3. «Creo que me va a llevar mucho tiempo». En algún punto, escuché esta objeción tantas veces que documenté cuánto tiempo paso en Twitter por día. Escribí una entrada de blog al respecto (por supuesto). Cubriré esto en más detalle en el siguiente capítulo. En lo que a mí respecta, menos de treinta minutos por día... si acaso.

4. «Es demasiado narcisista o autocentrado». Twitter es una de esas cosas que meramente amplifica lo que ya eres. Si eres narcisista, entonces Twitter te brindará una forma de volverte más narcisista. Pero no atraerás muchos seguidores. La clave es estar genuinamente centrado en el otro y ser generoso. De hecho, estas cualidades son precisamente lo que llama la atención de las otras personas y te recompensan en Twitter. Para tener éxito con Twitter, no puede tratarse de ti. Debe tratarse de tus seguidores.

5. «Prefiero Facebook o algún otro medio social». Honestamente, no soy un gran fan de Facebook, pero no hay por qué generar una discusión. Todos somos diferentes. Sin embargo, ¿por qué elegir? Uno puede tener ambos.

6. «Es un pobre sustituto de las relaciones reales». Esto es lo que pensaba al comienzo. Ya tengo una rica vida social. ¿Para qué necesito relaciones superficiales? Sin embargo, con excepción de una de mis hijas, toda mi familia comenzó a *tuitear* al mismo tiempo. Esto nos permitió estar conectados de un modo que nunca habíamos soñado. Además, he conocido algunas personas fascinantes en Twitter que se han convertido en verdaderos amigos y socios de negocios.

7. «No tengo nada interesante para decir». No te subestimes. Tu vida es más interesante de lo que piensas. ¿Por qué piensas que los *reality shows* son tan populares? La gente anhela transparencia y autenticidad. Desean conectarse con gente real que vive vidas reales. Les da una perspectiva y los ayuda a ver su vida como normal.

8. **«Estoy preocupado por mi privacidad».** Escribí un libro sobre esto... literalmente. En 2001, mi libro *Invasion of Privacy: How to Protect Yourself in the Digital Age* fue publicado por Regnery.[3] Desde ese entonces, he hecho un cambio radical. Para las cuestiones prácticas, la privacidad está muerta. A través de Google, la gente puede descubrir en diez minutos más sobre ti que lo que era posible a lo largo de una vida hace diez años. También podrías alimentar inteligentemente los motores de búsqueda de Google con lo que quieres que la gente sepa de ti. Tienes que ser inteligente al respecto, pero tienes el control.

9. **«No veo cómo puede ayudar a mi negocio».** Conozco muchas personas ahora que casi han abandonado por completo el mercadeo tradicional. Están haciendo la mayor parte de su promoción en Twitter y ven un gran éxito. Pero a menos que lo intentes, no tendrás beneficios.

Minda Zetlin escribió un artículo en Inc.com llamado «Launch a New Product on Twitter» [Lanza un Nuevo Producto en Twitter], en el que informaba sobre una empresa que descubrió el poder de conectarse con su tribu:

> Hasta el año pasado, la línea de productos más conocida de NAP, Inc., era su portabebé Sleepy Wrap. Pero cuando la empresa lanzó el Boba Baby Carrier el año pasado, concentró sus esfuerzos en los medios sociales, especialmente Twitter. «Antes de eso, solo estábamos usando la publicidad tradicional en línea e impresa —dice Ashley Jewell, directora de mercadeo en medios sociales de NAP—. Pasamos de tener un seguidor a vender todo nuestro inventario en cuestión de semanas».

La experiencia de NAP muestra lo que algunos expertos de mercadeo ya saben: Twitter es una herramienta increíblemente poderosa para hacer correr la voz y una forma ideal de conseguir la atención de los clientes para un nuevo producto, servicio, empresa o ubicación.[4]

10. **«No sé cómo empezar».** Twitter es sumamente simple. Puedes registrar una cuenta y comenzar en sesenta segundos. Lo único que tienes que hacer es responder una simple pregunta, «¿Qué estás haciendo?», en

140 caracteres o menos. Una pregunta incluso mejor es esta: «¿Qué acapara tu atención en este momento?». Puedes publicar una actualización o dos y comenzar a seguir a tu familia o amigos. El resto se encargará por sí solo. Confía en mí.

Puede haber algunas razones válidas para objetar la noción de Twitter y *no* usarlo. Pero estas diez objeciones no lo son.

CUARENTA Y CINCO

Dedícale treinta minutos por día

Twitter ofrece una oportunidad sin precedentes para construir una marca, hacer contactos sociales y conseguir el compromiso del cliente. *Pero ¿a qué costo?*, puedes estar pensando.

Obviamente, el servicio en sí mismo es gratuito. No sé por cuánto tiempo más la gente de Twitter podrá mantener este modelo comercial. En algún momento tendrán que cobrar por el servicio o este desaparecerá. Pero mientras tanto, no te cuesta nada a ti o a tu negocio.

La curva de aprendizaje en sí misma tampoco tiene costo. Puedes aprender a usarlo en menos de treinta minutos.

Pero ¿qué pasa con el tiempo que te lleva *tuitear*? Ah, sí, «el tiempo».

Esta es la objeción estándar de la gente que en realidad no lo ha intentado. «¿Cómo encuentras tiempo para Twitter?», preguntan. En mi experiencia, me lleva menos de treinta minutos por día.

Esta es la forma de hacer el cálculo. Soy un usuario de Twitter bastante activo. Tengo un promedio de unos trece *tuits* por día. La mayoría de ellos me toma quince a treinta segundos cada uno. (Sí, me he tomado el tiempo.) No te olvides, solo tienes 140 caracteres. No puede llevarte mucho tiempo. Sin embargo, seamos conservadores y supongamos que necesitas treinta segundos para cada *tuit*.

Trece por treinta es seis minutos y medio. Probablemente pase otros quince minutos por día mirando los *tuits* de otras personas y respondiendo a mensajes directos o respuestas. Aun así, estoy haciendo esto durante momentos de inactividad: temprano por la mañana mientras estoy leyendo, entre reuniones o proyectos durante el día, o por la noche como forma de relajarme. Sumado, es apenas más de treinta minutos por día.

En mi opinión, esa no es una gran inversión de tiempo, especialmente por el beneficio que recibo. Piensa en lo que puedes hacer en veinte minutos: chequear Facebook, dormir una siesta energética, jugar Angry Birds, separar y cargar la ropa en la lavadora o hacer el desayuno. Todas son cosas buenas, algunas más valiosas que otras. Mi punto es que si tienes tiempo para hacer eso, tienes tiempo para usar Twitter. La clave es poner la intención en eso y no permitir que se convierta en un enorme consumidor de tiempo.

Consigue más seguidores de Twitter

Rara vez conozco a un usuario de Twitter que no quiera más seguidores. Unos pocos sostienen que los números no son importantes. Solo les preocupan los «seguidores de calidad». No estoy seguro de si el uno sea mejor que el otro, pero he notado que la mayoría de la gente que plantea este argumento tiene muy pocos seguidores.

¿Por qué querrías más seguidores? Tres razones:

- **Más seguidores brindan más autoridad social**. Como cualquier otro sistema de calificación, cuanto más alta la cuenta de seguidores, más gente supone que eres un experto... o al menos alguien interesante. Puede no ser válido, pero es la forma que funciona en un mundo en el que hay *rankings* de todo.

- **Más seguidores extienden tu influencia**. Twitter es una gran herramienta para difundir ideas. Si tienes ideas que vale la pena compartir, ¿por qué no querrías difundirlas a la mayor cantidad de gente posible? Twitter lo hace ridículamente fácil. Cuanto más grande el número de tus seguidores, más rápido se divulgan las ideas.

- **Más seguidores llevan a más ventas**. Es probable que estés en Twitter por una de tres razones: para entretenerte, para socializar con otros o para vender tus cosas. Sea una marca, un producto, un servicio o incluso una causa, más seguidores brindan la oportunidad de generar más guías y más conversiones.

Antes de decirte qué he aprendido sobre cómo conseguir más seguidores de Twitter, déjame decirte cómo *no* hacerlo.

No trates de engañar al sistema. Si algo parece demasiado bueno para ser verdad, en general es así. A menos que seas una celebridad que ha generado un vasto público en algún otro canal de medios, atraer seguidores te llevará tiempo y esfuerzo.

¿Y comprar seguidores? (Sí, puedes hacer esto. ¡Solo búscalo en Google!) Para comenzar, esto se opone a las reglas de Twitter.[1] Peor aun, los seguidores obtenidos de este modo no tienen afinidad contigo. Son como mandar un correo directo a una lista genérica, sin un objetivo. Inútil.

¿Y usar *software* especial que promete aumentar el número de seguidores? En los primeros días de Twitter, usé uno de estos programas. Aumentó mi número de seguidores... drásticamente. Pensé que me había sacado la lotería. Sin embargo, no duró.

Estos programas se apoyan en «el seguimiento agresivo» y en «el intercambio de seguidores», lo que significa que sigues a personas solo con la esperanza de que ellos te sigan a su vez. Si no lo hacen, los abandonas y sigues a otras personas.

Mi alegría fue de corta duración. Twitter nos atrapó e implementó una política contra esto.[2] De hecho conozco varias personas a las que les cerraron sus cuentas de Twitter porque involucrarse en esta conducta. Molesta a otros usuarios de Twitter y degrada la experiencia para todos.

Así que, en lugar de usar formas ilegítimas de construir tu número de seguidores, quiero compartir contigo doce formas probadas por las que puedes conseguir más seguidores de Twitter. Con excepción de mi breve experimento con el seguimiento agresivo, así es como he construido mi número de seguidores, más de 115,000, en los últimos tres años y medio.

1. **Muestra tu cara.** Asegúrate de haber cargado una foto en tu perfil de Twitter. No seguiré a nadie que no tenga foto. ¿Por qué? Porque la ausencia de foto me dice que el usuario es o un *spammer* o un principiante. Usa un buen primer plano, como describo en el capítulo 15.

2. **Crea una biografía interesante.** No dejes esto en blanco. Es una de las primeras cosas que revisan los seguidores potenciales. Explica quién eres y qué haces. Si eres una marca o un producto (grosero, lo sé), ¿cuál sería tu eslogan? Incluye eso en tu biografía. También, asegúrate

de incluir el nombre de una ciudad. Por cierto, Twitter no te incluirá en los resultados de búsqueda a menos que llenes el nombre de usuario, el nombre completo y la biografía.[3]

3. **Usa una página personal para ti.** Tu biografía de Twitter solo puede incluir 160 caracteres. No hay demasiado espacio para contar tu historia o presentar a la gente toda tu oferta. Considera crear una página personal en tu blog y vincularla con la breve biografía de Twitter.[4] Luego, cuando un posible seguidor haga clic en ese vínculo, encontrará una página que has creado solo para usuarios de Twitter.

4. **Haz visible tu presencia en Twitter.** No puedo decirte con cuánta frecuencia he leído una entrada interesante y querido *tuitear* el vínculo, pero no pude encontrar el nombre de usuario de Twitter del autor. Así que abandoné el intento y pasé a otras cosas. Facilítale a la gente que te siga, y a otros que te promocionen. Exhibe los vínculos con tu cuenta de Twitter en la firma de tu correo electrónico, tu blog o sitio web, tus tarjetas profesionales... en todas partes.

5. **Comparte el contenido valioso.** Este es probablemente mi consejo más importante. Indica a la gente dónde hay recursos útiles. Sé generoso. Sé inspirador. Usa muchos vínculos. Crea contenido que otra gente esté ansiosa por recibir y quiera pasar a sus seguidores. Esta es la clave de ser *retuiteado*. (Creo que es la razón por la que, en promedio, soy mencionado en los *tuits* de otras personas 173 veces por día o más.[5])

6. **Escribe con frecuencia, pero no inundes a tus seguidores.** Hago la lectura de blogs principalmente por la mañana. Reviso más de 220 blogs y me encanta compartir las joyas que encuentro. Solía hacer esto cuando las encontraba, lo que a menudo significaba un flujo de ocho a diez entradas por vez. Ahora uso Buffer[6] para extender estos a lo largo del día para no abrumar a mis lectores.

7. **Mantén tus entradas suficientemente breves para que se puedan** *retuitear*. Que te *retuiteen* es la única manera de acceder a personas que no te siguen. Por lo tanto, debes facilitarles a tus seguidores la posibilidad de *retuitearte*. Mantén tus entradas suficientemente breves para que tus seguidores puedan agregar el símbolo RT y tu nombre de usuario («RT @MichaelHyatt»). Para mí, eso consume diecisiete caracteres,

incluido el espacio. Esto significa que mis *tuits* no pueden ser más largos de 123 caracteres (140-17=123).

8. **Responde a otros públicamente.** Solía responder a la gente a través de mensajes directos (DM), pensando que mi mensaje era irrelevante para la mayoría de mis seguidores. Como no respondía públicamente, esto me hacía ver insociable. Así que ahora respondo casi exclusivamente en público. La única gente que ve esos mensaje es la que me sigue a mí y también a la persona a la que le estoy respondiendo, un pequeño subconjunto de mis seguidores. Así es sociable, pero no molesto.

9. **Practica el seguimiento estratégico.** Esto no es lo mismo que el «seguimiento agresivo» (que condené anteriormente). Con esto quiero decir, sigue a gente de tu industria, gente que use ciertas palabras clave en su biografía o incluso gente que sigue a la gente que sigues. Algunos de estos te seguirán a su vez. Si te *retuitean*, te presentarán a tus seguidores. Por ejemplo, podría usar la capacidad de búsqueda avanzada de Twitter[7] para encontrar a todos los que estén en un radio de ochenta kilómetros de Nashville y que han usado la palabra *liderazgo* en su biografía o en una entrada.

10. **Sé generoso vinculando y *retuiteando* a otros.** Twitter fomenta una cultura de compartir.[8] Cuanto más vínculos a otros generes, más gente actuará en reciprocidad. Y eso es precisamente lo que debe sucederte para que aumente el número de tus seguidores. Necesitas que los otros te presenten a sus seguidores. Pero no *pidas* que te *retuiteen*;[9] simplemente entra contenido que valga la pena *retuitear*.

11. **Evita demasiada promoción.** Sí, puedes promocionar tus entradas de blog, tus productos, tus eventos y más en Twitter, pero ten cuidado. Hay un línea invisible que no debes cruzar. Si lo haces, te verás como un *spammer*, o simplemente como alguien que no tiene idea. No solo no conseguirás seguidores adicionales, alienarás a los que tienes y muchos de ellos dejarán de seguirte. Esta es la razón por la que defiendo la regla 20-a-1 (ver capítulo 56).

12. **No uses respuestas automáticas.** Solía usar SocialOomphs[10] para agradecer a todos los que me seguían y darles un vínculo con mi entrada

de blog «Beginner's Guide to Twitter» [Guía para principiantes en Twitter].[11] Pensaba que estaba siendo educado y útil. Resultó que estaba siendo molesto. Esto es solo complicar más la bandeja de entrada de Twitter de la gente. Evítalo. (Por cierto, agradezco a la gente cuando se suscriben a mi blog, esto es principalmente para hacerles saber que se han suscripto con éxito. No tienes necesidad de hacer esto con Twitter.)

Finalmente, no te preocupes demasiado por los números. Si sigues el consejo que te di antes, los números se ocupan por sí solos. Como la mayoría de las cosas en la vida, lo que es lento y constante gana la carrera. No subestimes el poder del crecimiento gradual con el tiempo. No construí mi audiencia de un día para otro y tampoco lo harás tú.

Cuídate de dejar de ser seguido

Se ha demostrado que Twitter es una gran herramienta para extender la influencia de individuos y organizaciones, expandiendo su alcance. Con Twitter, puedes involucrar a tu tribu en tiempo real, ofreciendo liderazgo y asistencia de un modo que habría sido imposible solo unos pocos años antes.

Para todo eso, para mí, *tuitear* no ha estado libre de desafíos. Probablemente he cometido casi todos los errores que un usuario puede cometer. Suponiendo que quieras aumentar tu influencia y el número de seguidores (me doy cuenta de que no todo el mundo lo quiere), estos son siete errores que debes evitar. Hemos hablado de la mayoría de ellos en detalle en otras partes. Esta es un rápida lista para recordarlos.

1. **Tener un nombre de usuario difícil de recordar.** Si la gente no puede recordar tu nombre de usuario o tiene que buscarlo, no se tomará la molestia. Como resultado, quedarás fuera de la conversación. Además, un nombre real comunica autenticidad y accesibilidad. No te escondas detrás de un nombre inventado que solo tenga sentido para ti. Si quieres cambiar tu nombre de usuario por uno mejor, puedes hacerlo en el panel de configuración de Twitter sin comenzar una nueva cuenta ni perder los seguidores que ya tienes.

2. **Escribir más de 120 caracteres.** Un *retuit*, por definición, llevará la abreviatura RT más tu nombre de usuario. En mi caso eso sería «RT @MichaelHyatt» más un espacio: diecisiete caracteres en total. Eso significa que mis mensajes no pueden tener más de 123 caracteres sin que requieran que la gente los edite antes de *retuitearlos*. Si quieres que te *retuiteen*, facilítaselo a tus seguidores.

3. **Tuitear muy poco... o demasiado.** Hay que admitir que esto es cuestión de opinión. Como la historia de los tres osos, algo entre muy poco y demasiado es «lo justo». Depende de tus metas y de las expectativas de tu audiencia. Si solo estás *tuiteando* un par de veces por día o menos, es demasiado poco para entrar en el radar de la mayoría de las personas. Si estás *tuiteando* demasiado, se vuelve molesto y finalmente dejarán de seguirte. Sé inteligente y desarrolla una estrategia intencional acerca de la cantidad de mensajes que envías.

4. **Pedir más de lo que das.** Obviamente, los *spammers* y la mayoría de los vendedores directos entran en esta categoría. Erróneamente, considera que Twitter es una forma más de «mercadeo de interrupción». Sin embargo, aquí me estoy refiriendo a usuarios legítimos de Twitter que usan su cuenta para conversar. Pero ponen demasiados mensajes que promocionan su empresa, sus productos o servicios. Debes pensar en la comunidad de Twitter como una «cuenta de banco social». Puedes hacer extracciones, pero solo si depositas más de lo que sacas. Apunto a una proporción 20-a-1. En otras palabras, quiero brindar veinte o más recursos útiles o informaciones por cada entrada en la que pido ayuda para resolver un problema, apoyar una causa o promocionar uno de los productos de mi empresa, etc.

5. **Escribir cuando uno está enojado o frustrado.** Twitter es tan inmediato que es fácil escribir algo en un momento de frustración que luego uno lamenta.

El actor Ashton Kutcher descubrió esto por las malas cuando escuchó que el respetado entrenador de fútbol de Penn State, Joe Paterno, había sido despedido. *Tuiteó*: «¿Cómo despiden a Jo Pa? #insulto# ninguna clase como fan de los ojos de halcón me parece de mal gusto».[1] Muchos de sus más de ocho millones de seguidores rápidamente le hicieron saber lo indignados que estaban por este *tuit*, ya que Paterno fue despedido por no denunciar a un abusador infantil a la policía.

Después de averiguar toda la historia que había detrás del escándalo, Kutcher *tuiteó*: «Esta es una historia loca, solo escuché que paterno fue despedido, me enteré del resto ahora». Luego escribió: «¡me retracto totalmente de mi *tuit* anterior!... No conocía toda la historia #admitecuandocometeserrores».

Y finalmente: «Inmediatamente dejaré de *tuitear* hasta que encuentre una forma de manejar adecuadamente este *feed*. Me siento muy mal por este error. No volverá a suceder».

Por lo tanto, antes de responder a algo enojado, respira profundo y asegúrate de tener todos los detalles.

El problema con toda comunicación escrita, especialmente con Twitter, es que es difícil comunicar contexto o matices en los mensajes. Las emociones negativas se expresan mejor en persona si es que deben expresarse. Si *tuiteas* estos mensajes, corres el riesgo de ofender a la persona a la que estaba dirigido y de alejar a un gran porcentaje de tus seguidores. ¿Es realmente esta la impresión de marca que quieres crear?

6. **No crear una buena página de perfil.** Tu página de perfil es la primera cosa que miran los seguidores potenciales. Debería ser intencionalmente consistente con la imagen de marca que estás tratando de transmitir. Como mínimo, sube tu foto. Esto te humaniza al vincular una cara con un nombre. Además, tomate el tiempo de llenar el campo biográfico. La gente quiere saber algo de la persona a quien siguen. Incluso, puse un vínculo a mi página personal en el blog que agradece al lector por visitarla a través de Twitter y es más detallada para aquellos que están interesados.

7. **No comprometerse en la conversación.** Al igual que el blog, no debe ser un monólogo. De hecho, toda la premisa detrás de la web 2.0, de la cual Twitter es una tecnología más, es que la gente quiere involucrarse en un diálogo. Esto lo vuelve más exigente que otros tipos de medios. En otras palabras, a menos que sea una celebridad, no puedes solo publicar tu mensaje e irte. Pero esto es también lo que lo hace más poderoso. Cuando te involucras con tus clientes y tu audiencia, tienes la oportunidad de aprender de ellos y de influenciarlos. Debo admitir que no respondo todas las menciones (ver capítulo 43 «Comprende lo básico de Twitter»), pero respondo todos los mensajes directos, a menos que se trate claramente de *spam*.

Esta lista te permitirá evitar algunos de los errores más comunes en Twitter. ¡Así que si vas a cometer errores, por lo menos podrás cometer unos diferentes!

CUARENTA Y OCHO

Usa Twitter para promocionar tu producto

Twitter puede ser una herramienta fantástica para promocionar tu producto o servicio. Pero veo muy, muy pocas personas que lo hagan bien. Escriben algunos *tuits* al azar sin un llamado particular a la acción y luego se preguntan por qué su retorno de la inversión de tiempo y energía fue tan bajo.

Twiter puede ser una herramienta de mercadeo clave para impulsar las ventas y las listas de *best sellers*. Pero esto funciona mejor si tomas en cuenta Twitter lo más temprano posible en el diseño de producto y el proceso de mercadeo. De este modo puedes formular breves y sucintos *tuits* y ponerlos en manos de tus principales fans antes del lanzamiento.

Estas son nueve formas de asegurar todos los beneficios de Twitter para tu campaña de mercadeo. Por una cuestión de simplicidad, me refiero a productos, pero entiende que esto se aplica a cualquier cosa que promociones, incluido tú mismo, otra persona, un servicio, música o un producto físico.

1. **Asegúrate de que el producto tenga un título suficiente breve para *tuitearlo*.** Los títulos de una palabra son perfectos (por ejemplo, AppStore o Mashable). De hecho, esta es la razón por la que elegí *Plataforma* como título de este libro. Las frases breves también pueden funcionar. Los títulos largos dificultan las cosas.

2. **Usa un *hashtag* para que puedas capturar el rumor que se genera.** El *hashtag* se usa para marcar palabras clave o tópicos dentro de los *tuits*. Este

protocolo fue desarrollado orgánicamente por los usuarios para categorizar los mensajes. Los mensajes con el mismo *hashtag* aparecen juntos en una búsqueda en Twitter. Si haces clic en un *hashtag*, verás todos los otros mensajes que lo usan. Es mejor si puedes usar una palabra del nombre del producto o una forma abreviada de él.

3. **Asegúrate de que el nombre del usuario del producto es relativamente breve.** Por supuesto, no puedes ir por ahí cambiando tu nombre —o el nombre de una persona o un producto que estés promocionando—, pero si sobrepasa los doce o trece caracteres, considera usar la primera inicial o dos más del apellido (por ejemplo, @MWBuckingham). El objetivo es permitir la mayor cantidad de espacio posible para el *tuit* en sí.

4. **Decide una página de aterrizaje.** ¿Adónde quieres dirigir a tus seguidores para más información? Podría ser un sitio web personalizado para el producto (por ejemplo VibramFiveFingers.com), una página de producto en tu sitio web principal (por ejemplo, «Creating Your Personal Life Plan» [Cómo crear tu plan de vida personal] en mi blog[1]) o a la página del producto en un sitio de venta electrónica como Amazon.

5. **Usa un abreviador de URL.** Yo uso bit.ly, pero he configurado un dominio personalizado, de modo que le agrego el valor de la marca. El mío es mhyatt.us. Esto me permite convertir algo como esto, que es un vínculo a *El cielo es real*, un *best seller* reciente publicado por Thomas Nelson...

http://www.amazon.com/Heaven-Real-Little-Astounding-Story/ dp/0849946158/ref=sr_1_1?ie=UTF8&qid=1316621485&sr=8-1

en esto

http://mhyatt.us/qnplTs

Si tienes la paciencia de *tipear* el primero, inténtalo. Ambos vínculos te llevan al mismo lugar, pero uno es drásticamente más corto.

6. **Determina cuán largo puede ser tu *tuit.*** Todo hasta este punto es esencialmente metadatos. No va a ser que nadie haga clic en el link o *retuitee* el mensaje. Por esa razón, necesitas un *tuit* de verdad. Pero

¿cuán largo puede ser? Para determinar eso, resta el largo del título, el nombre del autor, el *hashtag* y la página de aterrizaje de 140 (el largo máximo de un *tuit*).

Por ejemplo, digamos que estoy creando un *tuit* para el libro *La cumbre final* de Andy Andrews. Podría tener los siguientes metadatos. Nota que convertí el título en un *hashtag*:

- Título: #FinalSummit (12 caracteres)

- Autor: @AndyAndrews (12 caracteres)

- Página de aterrizaje: http://mhyatt.us/i6wQmo (23 caracteres)

Si este es tu total, agrega tres caracteres para espacios, tienes cincuenta. Ahora réstaselo a 140. Te da noventa caracteres para tu mensaje en sí. Pero espera. Debes dejar espacio también para *retuitear* (por ejemplo, RT @MichaelHyatt). En mi caso, esto es diecisiete caracteres más, incluido el espacio. Esto significa que mi mensaje solo puede tener setenta y tres caracteres.

Esto no parece demasiado espacio, y no lo es, pero puedes hacerlo funcionar. Quédate conmigo.

7. Identifica una serie de mensajes que se pueden *tuitear*. Podrían ser características y beneficios de tu producto, grandes respaldos de tu servicio, citas extraídas de tu libro o un titular apasionante. Trata de crear enunciados breves y concisos que puedan usarse como *tuits*. Deberían ser ilustrativos, provocadores o generar intriga. Y en el caso del libro de Andy (el ejemplo anterior), no pueden tener más de setenta y tres caracteres de largo.

Estos son algunos ejemplos de *La cumbre final*:

- Una joya deslumbrante no puede pulirse sin gran fricción.

- Una hermosa flor no puede crearse sin fertilizante.

- No dilapide el tiempo, porque es el material de que está hecha la vida.

- Los vientos de la adversidad llenan las velas del logro.

- Nada muestra más el carácter de una persona que sus hábitos.

Apunta a veinte o treinta de estos para cada libro.

8. Reúne los *tuits*, usando el mensaje en sí. Hago esto en un simple editor de textos como TextEdit en Mac o NotePad en Windows. Ahora puedes copiar y pegarlos en Twitter o automatizar todo el proceso. También puedes poner estos *tuits* a disposición de los fanáticos de tu marca en una página de promoción especial que hayas creado, para que ellos te ayuden a hacer correr la voz.

9. Automatiza la entrega de tus *tuits*. Advertencia: No inundes a tus seguidores con estos mensajes o comenzarán a pensar que eres un *spammer*. Yo no publicaría más de un *tuit* por día, dos como mucho. Mira el capítulo 56, «Practica la regla 20-a-1» y verás por qué.

Habiendo dicho esto, puedes suscribirte a un servicio como SocialOomph, cargar todo el archivo de texto, y luego programar que los *tuits* aparezcan con veinticuatro horas de distancia en un momento específico del día. (También puedes usar HootSuite, pero las opciones son más limitadas.)

Este es un ejemplo de un *tuit* promocional para un nuevo libro que incluye todos los elementos que he descrito:

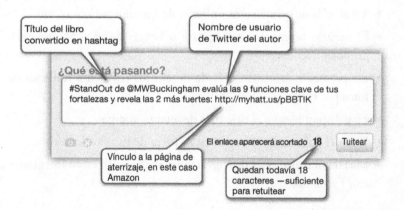

Sí, puedes usar Twitter como parte integral de tu campaña de mercadeo. El secreto es introducirlo temprano, pon *tuits* prelanzamiento en manos de tu tribu para echar a correr la voz, antes de que el producto o el plan de mercadeo estén fijados en piedra.

CUARENTA Y NUEVE

Arma una página de fans en Facebook

Hemos pasado bastante tiempo, por buenas razones, hablando de la importancia de usar Twitter para expandir tu alcance. Pero no debes olvidarte de Facebook. Es más que solo algo que usas para mantenerte al día de las últimas noticias de tus familiares y amigos.

Facebook tiene unas estadísticas increíbles:[1]

- Tiene más de ochocientos millones de usuarios activos.
- El usuario promedio se conecta a ochenta páginas comunitarias, grupos y eventos.
- En promedio, se suben más de doscientos cincuenta millones de fotos por día.
- Hay disponibles en el sitio más de setenta idiomas.
- Más del 75% de los usuarios están fuera de Estados Unidos.
- Más de siete millones de aplicaciones y sitios web están integrados con Facebook.

El alcance global de Facebook es obvio, pero todavía mucha gente se resiste a usarlo. Yo mismo he tenido mis dudas. Luego me di cuenta de que Facebook en sí no es el problema. Yo lo soy. Facebook es simplemente una herramienta. Tiene sus particularidades y sus cuestiones, por supuesto. Pero el problema fundamental era que no tenía una estrategia para usarlo.

Inicialmente mi «política de amigos» (si se puede llamar así) era simplemente aceptar a todos los que venían. Me imaginaba que cuantos más amigos, mejor. Pero esto dio como resultado una enorme cantidad de ruido, para no mencionar la carga de trabajo agregada. Me agoté de todos los pedidos de amistad, invitaciones y notificaciones.

También me hizo pensar mucho y muy en serio sobre mi vocabulario. Como muchas personas, había comenzado a usar el término *amigo* de una manera muy laxa. Lo primero que hice al repensar mi estrategia fue limitar mi definición de términos clave:

- **Familia**. Estas son las personas que están relacionadas contigo por la sangre o por matrimonio. En ocasiones he sido muy laxo con este término. *Familia* no significa amigos personales o tu «familia laboral». Llamarlos así no es preciso ni útil. Crea la ilusión de algo que no es verdad. Es mejor usar esta palabra con su verdadero sentido.

- **Amigos**. Son las personas que conoces en la vida real. Las has conocido personalmente, y disfrutas de estar e interactuar con ellas en la vida real. (Estos son tres elementos clave.)

- **Conocidos**. Estas son personas que has conocido en línea o fuera. Puedes conocer el nombre o hasta la cara. Pueden incluso haber sido amigos en algún momento del pasado, pero no tienen una relación en la actualidad. Solo se conocen en un nivel superficial y está bien. Solo tienes que tener en claro que no son tus amigos.

- **Fans**. Estas son personas que conocen tu persona pública o tu trabajo. Aquí también puedes llegar a confundirte... porque la relación no es mutua. Por ejemplo, yo soy fan de Chris Brogan. Nos hemos visto una vez. Sé muchas cosas él por su blog y sus *tuits*. Esto crea una ilusión de intimidad. Si no tuviera cuidado, sin embargo, me engañaría pensando que tengo una relación con Chris. No es así. Solo soy uno de sus muchos fans.

Entonces, con estas definiciones en mente, me puse a repensar mi enfoque de Facebook. Básicamente, he decidido que solo usaré mi perfil de Facebook para la familia y los amigos cercanos. Esto evita que mi bandeja de entrada se inunde de propuestas de venta e invitaciones a cosas que no me interesan.

Sin embargo, al darme cuenta de que hay más gente en Facebook que en Twitter y que al menos el 5% del tráfico de mi blog proviene de Facebook, decidí crear una página de fans para todos los que quisieran conectarse conmigo.

Conste que me disgusta el término *página de fans*. Me pone muy incómodo. Me gustaría que Facebook usara el término *páginas públicas* para las páginas de fans y *páginas privadas* para los perfiles. Creo que representa mejor la distinción entre ambos.

Independientemente de esto, mi *feed* de Twitter aparece en los dos lugares. La interacción en mi página de fans es más limitada, sin embargo, que es lo que necesito para conservar mi salud mental. Mis «fans» pueden escribir en mi muro yo les responderé cuando pueda, del mismo modo que hago con los mensajes directos y las respuestas de Twitter.

Una vez que armé la página de fans, el apoyo técnico de Facebook fue casi suficiente para pasar a todos mis amigos a la página de fans. Luego pasé a eliminar como amigos de mi página de perfil a todos los que no eran miembros de mi familia o amigos muy cercanos en la vida real. Pasé de más de dos mil doscientos amigos en Facebook a menos de cien. Habría que señalar que la mejor manera de hacer esto es armar la página de fans y pedirles a tus amigos de Facebook que se pasen allí. Algunos lo harán. Otros, no.

Fue un proceso lento y tedioso porque tuve que eliminar amigos de a uno por vez. Facebook no brinda actualmente una forma de eliminar gente en masa. Me llevó varias horas durante varias noches terminar. Si tuviera que hacerlo otro vez, probablemente eliminaría mi cuenta y comenzaría de cero. Habría sido mucho más fácil.

Estas son algunas de las lecciones clave que saqué:

- Tienes que entender la diferencia entre amigos, conocidos y fans.

- Si tratas de ser amigo de todos, no serás amigo de nadie. Debes ser deliberado y selectivo.

- Probablemente ofenderás a algunos cuando los elimines como amigos. Está bien. Tu salud mental y tus verdaderos amigos son más importantes que satisfacer las expectativas de fans y conocidos.

- Tienes que tener mucho cuidado respecto de a quién aceptar como amigo en tu perfil a partir de ahora. Solo sobre la base de los clics del *mouse*, es tres veces más trabajoso eliminar a alguien que aceptarlo como amigo.

En este loco mundo de los medios sociales, creo que tenemos que permanecer conscientes y flexibles respecto de cómo nos conectamos en línea, trazando claras distinciones entre lo público y lo privado. Sin embargo, lo que funciona hoy puede no funcionar mañana. Lo que funciona con cien seguidores puede no funcionar con diez mil. Deberías esperar la necesidad de repensar tus estrategias en línea en algún momento en el futuro.

CINCUENTA

Emplea estrategias de marca consistentes

Supongamos que hablas en serio respecto de comenzar un blog (una clave para construir tu plataforma), entonces, para apoyar tu blog y hacer conocer tu nombre, vas a desarrollar páginas en Twitter, Facebook y YouTube. ¿Te contentas con subir tu foto a todos ellos individualmente y terminar con eso? ¿O quieres una imagen de marca más consistente, una que lo vincule todo?

Hace un tiempo, subí una nueva foto de perfil a Twitter. Sin embargo, eso no cambió el fondo de mi perfil, que seguía incluyendo mi antigua foto y un diseño hecho años atrás por un diseñador profesional. Decidí visitar su página de nuevo y ver qué tenía su compañía para ofrecer.

Este diseñador particular se especializa en plantillas con diseños personalizados para Twitter, Facebook y YouTube.[1] Brinda a sus clientes la oportunidad de crear una imagen de marca consistente en las tres principales plataformas de medios sociales, y a un precio accesible.

Decidí pedirle que diseñara las tres páginas de perfil. ¿El costo? Quizás pienses que hubiera estado en los miles de dólares. Pero con esta particular firma de diseño, fue solo unos cientos de dólares. Hay algunas buenas ofertas si uno las busca.

Sea que diseñes tus páginas o las hagas diseñar, estos son cuatro elementos que quieres incluir en una base consiste para todas las plataformas:

1. **Tu nombre.** Úsalo exactamente de la misma forma en todas las instancias. Mis amigos pueden conocerme como Michael o Mike, pero en términos de mi marca, soy solo Michael.

2. **Tu logo.** También podría ser un tipo de fuente que está asociado con tu nombre. Yo uso un «globo de diálogo» con una flecha en ángulo debajo y un «MH» estilizado en blanco sobre una caja oscura. Esta caja es similar a los globos de diálogo que se encuentran en las historietas. La misma idea se usó en la tapa de este libro.

3. **Un avatar.** Haz que un fotógrafo profesional te retrate y usa la misma foto en cada aplicación. Los primeros planos son mejores. Si eres un orador, puedes querer usar una toma de acción.

4. **Una declaración de marca.** Esto podría ser un eslogan, una línea de venta o incluso el nombre del producto o servicio por el que eres conocido, o te gustaría ser conocido. Yo uso las palabras *Intentional Leadership* [Liderazgo Intencional] y también incorporo una foto de un micrófono, similar a la de la tapa de este libro.

Una marca consistente es fundamental para una plataforma fuerte. Es algo en lo que he trabajado mucho para desarrollar y debería ser una de tus prioridades.

CINCUENTA Y UNO

Prepárate para los medios tradicionales

Si tienes éxito con tu plataforma en línea, inevitablemente recibirás pedidos para aparecer en radio, televisión o programas en Internet para hablar de tu producto, servicio o causa. Es vital que aprendas a hacerlo bien. Suponiendo que tienes una oferta wow, nada impulsa más sus ventas que la publicidad.

A mí me arrojaron a la parte más profunda de la piscina con mi primer libro. En el lapso de dieciocho meses, hice más de mil doscientas entrevistas. Aparecí en las tres principales cadenas de televisión más la CNN, así como en la radio y televisión nacional y local. Durante ese tiempo realicé tres rondas de entrenamiento profesional en medios. Fue un bautismo de fuego.

Más recientemente, me he sentado del otro lado de la mesa, entrevistando a autores. He conducido el *backstage* del programa Chick-fil-A Leadercast durante los últimos dos años, en los que entrevisté a los oradores cuando bajaban del escenario. Además, suelo entrevistar autores para mi blog.

Lamentablemente, mientras que la mayoría de los empresarios pasan mucho tiempo perfeccionando su producto o haciendo más eficientes sus servicios, muy pocos afinan sus habilidades para las entrevistas. Como resultado, sus ventas no son tan exitosas como deberían ser.

Por lo tanto, sobre la base de mi experiencia como entrevistado y como entrevistador, me gustaría ofrecerte diez sugerencias para mejorar tus habilidades:

1. Prepárate concienzudamente para la entrevista. Claramente la forma en que te prepares dependerá de qué negocio o causa sea, pero el consejo es el mismo. Prepárate como si fuera un final en la universidad, y lleva algunos materiales que te ayudarán a recordar puntos importantes. De ese modo no tendrás que preocuparte por paralizarte o sufrir un bloqueo mental.

¿Recuerdas el desastroso debate de Rick Perry? Tuvo un incómodo bloqueo mental cuando trataba de recordar uno de los tres departamentos federales cuya abolición defendía. Por suerte, puedes tener notas.

Muchas de mis primeras entrevistas fueron sobre libros que escribí. Antes de la publicación de cada libro, identificaba todas las preguntas que me podrían hacer. Luego escribí tres o cuatro frases en respuesta a cada pregunta. No escribía la respuesta palabra por palabra. Luego preparaba una especie de «libro informativo» usando una carpeta con una división por capítulo. Detrás de cada capítulo, ponía frases para desarrollar, estadísticas e ilustraciones. Improvisaba a partir de ahí.

2. Recuerda que el programa no es sobre ti. Ni siquiera es sobre tu producto o servicio. Este es un gran error que cometen muchos novatos. No eres la estrella del show. El anfitrión lo es. O, quizás más precisamente, el público. Tu trabajo es mantenerlos interesados en el tema, para que no cambien de canal. Esto es clave para que el productor mantenga a sus anunciantes contentos.

3. Comprende a la audiencia. No puedes ayudar a que la audiencia obtenga lo que quiere a menos que la comprendas. Los programas de televisión, de radio y de Internet están acostumbrados a brindar información demográfica y psicográfica a sus anunciantes. Puedes ir directo al grano pidiendo al productor o a quien te llamó que te dé esta información. Además, antes de que comience la entrevista, es una buena idea preguntar al productor si hay algo en particular que debas saber respecto de la audiencia.

4. No esperes que el entrevistador haya hecho su tarea. Muchos novatos se quejan de que el entrevistador no sabía nada de lo que tenían para ofrecer. Créeme: esta es la norma. Piensa que el entrevistador no se ha preparado, y no te sentirás desilusionado. Y hagas lo que hagas, ¡no lo avergüences al aire haciéndole preguntas! Por el contrario, haz que el anfitrión se vea inteligente entregándole al productor una lista de preguntas para hacer. Nueve de cada diez veces, te harán exactamente esas preguntas. ¡Eso tiene la bonificación de hacerte ver inteligente también!

5. **Sé capaz de explicar qué tienes para ofrecer en unas pocas oraciones.** Mucha gente no puede hacer esto. Nunca han preparado un discurso de ascensor. Leíste sobre este tema en un capítulo anterior, pero este es el concepto aplicado a los medios: subes a un elevador del edificio de NBC en la ciudad de Nueva York. De pronto descubres que la productora del programa *Today* está a tu lado. Por ser educada, te pregunta de qué se trata lo que acabas de inventar. Tienes diez pisos para contarle... unos quince segundos. ¿Qué dirás? Tienes que escribir esto antes y memorizarlo. Debería tener no más de dos o tres oraciones.

6. **Escucha atentamente las preguntas.** Es fácil ponerse ansioso e interrumpir al conductor. Esto nunca es algo bueno... y puedes hallarte respondiendo la pregunta equivocada. Asegúrate de dejar que el entrevistador termine. Luego afirma la pregunta. Aunque sea combativa, puedes decir algo como: «Entiendo perfectamente de dónde viene esto. De hecho, tuve esas mismas preocupaciones cuando comencé a desarrollar este producto». Luego responde a la pregunta, no la evites.

7. **Mantén las respuestas breves y al punto.** No hay nada peor que un invitado incoherente que pierde las claves del entrevistador. Este no deja de intentar llegar al punto o «hacer que el avión aterrice». Tal vez el productor ya ha puesto la música, pero el invitado sigue hablando. Esto no es bueno. Una buena entrevista es como un partido de tenis: el entrevistador pega a la pelota y la pasa sobre la red. Luego el invitado se posiciona y golpea a su vez, comenzando el ciclo una y otra vez. Además, tienes que hablar en pequeños fragmentos.

8. **Sé energético y auténtico.** Desde la perspectiva del entrevistador, no hay nada peor que una entrevista superficial y falta de energía. Si no estás entusiasmado respecto de tu oferta, ¿cómo esperas que los demás lo

estén? Si estás haciendo una entrevista radial por teléfono, ponte de pie. Camina. Sonríe. Aunque tu audiencia no vea nada de esto, lo escuchará en tu voz. Créeme, marcará una diferencia.

9. **No te pongas ofensivo.** No esperes que el entrevistador te tire pelotas que te queden cómodas. Su trabajo es que la audiencia se mantenga interesada. Deberías esperar preguntas difíciles y un poco de dramatismo. Esto, en realidad, puede ayudarte a ganar la audiencia, si has hecho tus deberes y puedes mantener la calma bajo fuego. Resiste la necesidad de ponerte a la defensiva. Solo hace que te veas débil. Por el contrario, acepta aquello que puedas aceptar. Sigue la fórmula sienten-sentí-supe: «Sé cómo se *sienten*. Yo *sentí* lo mismo. Pero esto es lo que *supe* a partir de mi investigación».

10. **Refiere a los oyentes a tu oferta.** La publicidad no te hará ningún bien si no le señalas a la gente de qué estás tratando de hablarles. Si eres demasiado agresivo, alejarás a los clientes y al entrevistador. Si eres demasiado relajado, la publicidad no tendrá como resultados ventas. En cambio, menciona el producto o servicio, ofrece algunas perlitas o muestras gratis y luego refiere a la gente a tu sitio web para más información.

Crear tu oferta wow es la mitad del trabajo. La otra mitad es aceptar tu papel como vocero principal. Si haces bien esto, tienes una oportunidad de crear una carrera larga y exitosa.

De hecho, John Richardson, uno de los lectores de mi blog, me ofreció algunas sugerencias sobre cómo mejorar aun más tus habilidades:

- **Únete a Toastmasters**. Unirte al grupo Toastmasters te dará un lugar para practicar tus entrevistas ante una audiencia en vivo en un ambiente seguro. Toastmasters tiene todo un manual discursivo para hacer TV, radio y otras formas de interacción en vivo.

- **Trabaja con un asesor de imagen**. Si vas a estar en TV o video, la forma en que te ves puede ser tan importante como lo que dices. Usar la ropa adecuada y tener el cabello arreglado por profesionales puede marcar una gran diferencia en tu presentación.

- **Contrata un entrenador de voz.** Si vas a hacer entrevistas radiales, por Internet o presentaciones en vivo, tener el tono, ritmo e inflexión adecuados en la voz puede realmente mejorar la interacción. Conocer cómo te oyes y eliminar las muletillas, como *eh*, *mm*, y *sabes*, te hará parecer mucho más profesional.

John concluyó con esta observación: «Si bien estas tres cosas pueden costar unos cientos de dólares, y algo de tiempo, la imagen y la voz resultantes te mostrarán a millones de personas en TV de un modo sustancialmente mejor y asegurarán que alcances las metas deseadas».

PARTE CINCO

COMPROMETE A TU TRIBU

CINCUENTA Y DOS

Consigue más comentarios en tu blog

Hay pocas cosas más desalentadoras que *bloguear* acerca de algo que crees que es importante y, por lo tanto, sobre lo que esperas comentarios... y esperas... y esperas.

A la inversa, hay pocas cosas más gratificantes que lograr que la gente comente en tu entrada e involucrarte directamente con tus lectores. Más que un único factor, creo que es la única cosa que me ha mantenido escribiendo en el blog todos estos años. Pero ¿cómo consigues más comentarios? ¿Cómo consigues que tus lectores se comprometan? Estas son siete estrategias que he encontrado útiles:

1. **Termina las entradas con una pregunta.** Cuanto más abiertas puedas hacer tus entradas, mejor. He descubierto que es útil terminar simplemente mis entradas con una pregunta. Hacer esto es como enviar a tus lectores una invitación a participar. Pete Wilson usa esta técnica con gran efecto en su blog, *Without Wax*. Hace poco publicó «The Death of Gratitude» [La muerte de la gratitud],[1] y terminaba con esta pregunta: «¿Qué es aquello a lo que sientes que tienes derecho y, por lo tanto, pierdes la oportunidad de agradecer?».

2. **Usa un sistema de comentarios entrelazados.** Este permite que tus lectores comenten en línea y respondan a otros lectores. Un gran blog no es un monólogo o un diálogo (permitir que tus lectores te respondan a ti). En cambio, brinda un mecanismo para fomentar una *conversación*, de modo que tus lectores puedan responderse entre sí. En mi blog uso actualmente Disqus[2] para esto.

3. **Exhibe el número de comentarios en un lugar prominente.** No puedo explicar esto, pero desde que comencé a exhibir el número de comentarios cerca del título de las entradas, la cantidad de comentarios ha

aumentado drásticamente. Si el número es bajo, la gente quiere apurarse y estar entre los primeros en comentar. Si el número es alto, los lectores piensan que el tema es candente y quieren entrar en la acción. De cualquier forma, tú ganas.[3]

4. **Haz que comentar sea fácil.** Sí, el *spam* de comentarios es un problema. Pero la mayoría de los sistemas modernos de blog atrapa esto sin dificultar que tus lectores comenten. (Si estás usando WordPress, puedes instalar simplemente el *plugin* Askimet.[4]) Si eres serio respecto de esto, no insistas en aprobar los comentarios antes de que se publiquen en tu blog. No exijas que tus lectores se registren y no uses alguna tecnología molesta como CAPTCHA[5] para impedir los robots de *spam*. Ya no es necesario.

5. **Participa en la conversación.** Como hablamos en el capítulo 28, «Evita los errores comunes en los blogs», si inicias la conversación (tu entrada de blog), ten la educación de quedarte por allí y participar. Tus lectores quieren interactuar contigo. Interactuarán con otros lectores, pero es más probable que comenten si saben que estás leyendo sus comentarios y respondiendo. Sí, esto lleva tiempo, pero es la mejor inversión que puedes hacer si quieres conseguir más comentarios.

6. **Recompensa a tus mejores comentadores.** Puedes hacer una lista de los principales comentaristas en el menú de opciones y reconócelos públicamente. Puedes hacer otro tipo de regalos o concursos (aunque tienes que tener cuidado de no entrar en conflicto con las diversas leyes de lotería y rifas). Sé creativo. A la gente le encanta obtener algo gratis, o incluso con un descuento.

7. **No reacciones excesivamente ante las críticas.** Si la gente te ve como alguien sensible, que está a la defensiva, o grosero, no se sentirá libre para participar en la conversación. Esto es así en la vida real; es así en tu blog. Si dejas que la gente esté abiertamente en desacuerdo contigo, aumentas tu credibilidad y alientas a que se comprometan más. En la única oportunidad que borro comentarios —y es muy raro— es cuando se vuelven agresivos, ofensivos, fuera de tema. (Ver el capítulo 55, «Desarrolla una política de comentarios».)

Hay muchas otras formas de alentar comentarios, pero estas son algunas de las que me han ayudado. En el siguiente capítulo, hablaremos de ser selectivo respecto de qué comentarios responder.

CINCUENTA Y TRES

No respondas a todos los comentarios

Los comentarios son una forma importante en la que el blog se separa de todas las otras formas de escritura. Obtienes una retroalimentación casi instantánea. Esto es sumamente gratificante, pero también puede ser un desafío mantenerse al día con los lectores.

Durante un período reciente de seis meses, vi mi número promedio de comentarios por entrada duplicarse. El problema consiguiente es este: aunque me encantaría responder a todos los comentarios, simplemente no es posible.

Piensa en esto. Si la audiencia de tu blog crece hasta el punto en que tienes más de cincuenta comentarios por entrada, ¿puedes responderlos todos? Lo dudo... al menos no consistentemente.

La buena noticia es que no tienes que hacerlo. No lo hago, y no me siento culpable en absoluto. Esta es la razón:

- **Una conversación de blog es como una cena**. Has invitado a todos a tu casa para comer algo y charlar. Tu contenido es como los aperitivos. Lo ofreces para que todo se ponga en marcha.

- **El plato principal es la conversación misma**. Por supuesto, la comida es importante, pero la diferencia entre una buena cena y una maravillosa no está en la comida. Está en la interacción entre las personas a la mesa.

- **Como anfitrión, no tienes que responder a cada comentario.** De hecho, en una verdadera cena, parecería realmente raro. Atraería demasiada atención hacia ti. Por el contrario, la fiesta tiene que ser sobre ellos... tus invitados.

- **Debes estar presente y agregar valor cuando es adecuado.** Comento ocasionalmente solo para hacer saber a la gente que no la invité y luego desaparecí. También comento cuando creo que puedo agregar valor respondiendo una pregunta, aclarando algo que dije o señalando a mis invitados recursos adicionales.

La conclusión es que no tienes que responder a todos los comentarios. Aunque esto no es científico, tiendo a responder a un 20% de ellos. Quizás quieras responder más o menos. A mí, por el momento, esto me parece lo correcto.

Haz que las conversaciones mantengan un nivel de educación

Si el actual clima político en Estados Unidos es una indicación, la falta de educación en el discurso público ha alcanzado un nuevo nivel. Nadie parece escuchar a su oponente. Los expertos (y los políticos) suelen hablar encima del otro. El volumen parece ser más importante que la lógica.

Quizás no puedas resolver este problema cultural, pero no tienes que soportarlo en tu blog. Recientemente, un representante de Publishers Lunch Deluxe comentó en mi entrada de blog «Why Do eBooks Cost So Much? (A Publisher's Perspective)» [¿Por qué los libros electrónicos cuestan tanto? (La perspectiva de un editor)].[1] Después de notar la gran cantidad de comentarios, el editor dijo: «También lo que sobresale es el nivel de educación de la discusión, incluso de aquellos que pueden estar en desacuerdo, y el agradecimiento general de aquellos que comentan para pedir una explicación de un ejecutivo».

Esto no es un accidente. He intentado cultivar este ambiente en el tiempo. ¿Por qué? Porque creo en el valor de la discusión saludable y civilizada. Me encanta liderar y participar en conversaciones significativas. Estoy dispuesto a admitir que no tengo todas las respuestas. Aprendo de la comunidad y especialmente de mis comentadores.

Pero ¿cómo se mantiene en el blog una conversación saludable y constructiva? ¿Cómo se brinda seguridad para que la gente manifieste su desacuerdo sin convertirse en desagradable?

Estas son cinco sugerencias:

1. **Usa un bloqueador de *spam* de potencia industrial.** Yo uso Askimet.[2] Es propiedad de Automattic, la misma gente que creó WordPress. Elimina el *spam* de comentarios de cuajo. Aunque recibo más de cien *spams* o comentarios pornográficos por día, Askimet los encuentra todos. En ocasiones, marca erróneamente un comentario que no es *spam*, pero todavía tengo que ver que permita filtrarse *spam* a través de él.

2. **Crea una política oficial de comentarios.** Compartiré la mía contigo en el siguiente capítulo. No puedes esperar que la gente siga las reglas si no las conoce. Como puedes ver, soy claro respecto de qué permito y qué no. Incluyo una advertencia con un vínculo en la caja de Nuevo Comentario en la entrada. Digo: «Por favor, toma nota: me reservo el derecho de borrar comentarios que sean agresivos, ofensivos o fuera de tema. Si tienes dudas, lee Mi Política de Comentarios». (Ver capítulo 55, «Desarrolla una política de comentarios».)

3. **Participa en la conversación.** Esta es la sugerencia más importante. Es tu fiesta, la gente espera que participes. Si no lo haces, tu blog se vuelve una casa abandonada. No te sorprendas si los vándalos entran en ella y pintan grafitis en tu entrada. Mantener una presencia activa hace que la conversación sea educada.

4. **Haz que tus comentarios sobresalgan.** Hago que mis comentarios se destaquen subrayándolos con un color diferente. Esto es muy fácil si estás usando el autohospedado WordPress.[3] De este modo, la gente puede revisar rápidamente los comentarios e identificar aquellos que son tuyos. Es mucho más probable que la gente comente, y lo haga educadamente, si saben que estás por ahí.

5. **Sé consistente con el cumplimiento.** Rara vez borro un comentario, pero algunos están tan fuera de tema o son tan beligerantes que debo hacerlo. Del mismo modo, algunos comentadores tienen que ser prohibidos. Son simplemente «gnomos» que buscan pelea con un sentido equivocado de la importancia. No soporto eso. Sus comentarios son como grafitis. Si los dejas quedarse, solo conseguirás que vengan más.

Los buenos comentarios, incluso los de personas que están en desacuerdo, agregan valor a tu blog. Quieres alentarlos para construir una comunidad, pero también debes proteger a tu comunidad de abusadores.

CINCUENTA Y CINCO

Desarrolla una política
de comentarios

Escribí en el blog durante varios años sin una política de comentarios. Pero después de una ronda de comentarios desagradables, decidí que necesitaba algo para establecer las reglas para participar. Sin estas reglas básicas, algunas conversaciones se estaban volviendo peleas a gritos que desalentaban directamente la participación de otros.

Como resultado, creé una política formal de comentarios. Cubre todos los aspectos básicos y me ha sido muy útil. Eres bienvenido a copiar o adaptar esta política de acuerdo con tus objetivos. De hecho, la he reproducido aquí para que no tengas que reinventar la rueda.

Mi política de comentarios

Como sabes, la web 2.0 se trata de conversación. Pero sin algunas simples reglas básicas, esa conversación puede convertirse en una pelea a gritos que desalienta que otros entren en la lucha.

De modo que aquí está mi política de comentarios. Al publicar en mi blog, estás de acuerdo con lo siguiente:

1. **Puedes comentar sin registrarte.** Puedes entrar a través de Disqus, OpenID, Twitter, Facebook... o nada en absoluto. Depende de ti.

---

2. Puedes publicar anónimamente. No recomiendo esto, pero puedes hacerlo si deseas. Puedo cambiar esta regla si compruebo que hay abuso.

3. Puedes publicar preguntas de seguimiento. Si tienes una pregunta, es probable que no seas el único. Es probable que otros piensen del mismo modo. Por lo tanto, prefiero recibir tus comentarios en mi blog y no a través del correo electrónico. Es un mejor uso de mi tiempo dirigirme a todos al mismo tiempo que responder varios correos electrónicos similares.

4. Puedes estar en desacuerdo conmigo. Recibo con agrado el debate. Sin embargo, pido que, si estás en desacuerdo conmigo —o con cualquier otro, si vamos al caso— hazlo de un modo que sea respetuoso. En mi opinión, hay demasiados gritos en la arena pública para tolerarlos aquí.

5. Me reservo el derecho de borrar comentarios. Este es mi blog. No tengo obligación de publicar tus comentarios. La Primera Enmienda te da derecho a expresar tus opiniones en tu blog, no en el mío.

Específicamente, borraré tus comentarios si publicas algo que es, según mi exclusiva opinión, (a) agresivo; (b) fuera de tema; (c) calumnioso, difamatorio, abusivo, acosador, amenazador, irreverente, pornográfico, ofensivo, falso, engañoso, o que viola o alienta a otros a violar de otro modo mi sentido del decoro o la educación, o cualquier ley, incluidas las de propiedad intelectual; o (d) «*spam*», es decir, un intento de publicitar, solicitar o promocionar de algún otro modo bienes y servicios. Puedes, sin embargo, publicar un vínculo a tu sitio o a tu entrada de blog más reciente.

6. Mantienes la propiedad de tus comentarios. No soy dueño de ellos y expresamente renuncio a toda responsabilidad que pueda resultar de ellos. Al comentar en mi sitio, estás de acuerdo en mantener todos los derechos de propiedad de lo que publiques aquí y que me liberarás de cualquier responsabilidad que pueda surgir de esas publicaciones.

7. **Me otorgas una licencia para publicar tus comentarios.** Esta licencia tiene validez mundial, es irrevocable, no exclusiva y libre de regalías. Me otorgas el derecho de almacenar, utilizar, transmitir, exhibir, publicar, reproducir y distribuir tus comentarios en cualquier formato, incluidos pero limitados a un blog, un libro, un video o presentación.

En suma, mi meta es alojar conversaciones interesantes con personas comprensivas, honestas y respetuosas. Creo que esta simple política de comentarios facilitará esto.

Practica la regla 20-a-1

Una palabra importante respecto de la construcción de tu marca a través de tu plataforma: esto no es algo que debes ver como una oportunidad para emitir tu mensaje a todo volumen a miles de seguidores, ¡gratuitamente!, y venderles cosas.

¡Mil veces *no*! Twitter, Facebook, Google+, y otras redes sociales son herramientas para forjar *relaciones*, no para hacer *transacciones*. Contrariamente a lo que piensan muchos, los medios sociales recompensan la generosidad, el centrarse en el otro y la disposición para la ayuda.

Estas herramientas son vehículos que apelan a nuestro profundo deseo, dado por Dios (creo), de conectarnos con los otros. Funcionan cuando hay confianza. Cuando se convierten solo en otra forma de *spam* (violando la confianza de la gente), dejan de ser eficaces.

Por ejemplo, un domingo por la mañana, Chris Brogan publicó un video de una reseña de su entonces nueva maleta de mano Eagle Creek Tarmac 22.[1] Sucedió que estaba buscando un nuevo equipaje de mano, y Chris es alguien cuya opinión respeto, especialmente porque sé que es un experimentado guerrero del camino. Fui inmediatamente al sitio web de Eagle Creek, encontré un vendedor minorista local, y lo compré esa tarde. (Me encanta, por cierto, y lo sigo usando. ¡El boca a boca en acción!)

Chris no estaba tratando de venderme nada. No estaba involucrado en mercadeo, al menos no en un sentido tradicional. Simplemente estaba siendo útil compartiendo algo que creía valioso. Y como confío en la opinión de Chris, acepté su consejo y compré el equipaje que recomendaba.

Así es como funciona el mercadeo en los medios sociales. Tienes que deshacerte del viejo modelo de mercadeo tradicional basado en la interrupción. Simplemente no funciona más.

Pero Chris no me está pidiendo nada. De hecho, rara vez pide un compromiso de sus seguidores o lectores de su blog. En cambio, *da* lealmente a su audiencia, día tras día. Practica la generosidad digital. Como resultado, cuando pide algo, sus seguidores y fans responden.

Este fenómeno es lo que he dado en llamar la regla 20-a-1. Representa una proporción. Significa que tienes que hacer veinte depósitos relacionales por cada extracción de mercadeo. Esto no es una ciencia: no tengo pruebas sólidas y empíricas que lo demuestren.

Pero he observado que si solo sigues pidiendo a la gente que haga algo —comprar tu libro, venir a tu conferencia, adherirse a tu causa— sin hacer depósitos adecuados, comenzarán a ignorarte. Finalmente, dejarán de seguirte y se desconectarán de tus actualizaciones.

El hecho es que nadie quiere que lo bombardeen con *spam*. No hoy. Hay demasiadas fuentes alternativas de contenido. Si quieres construir una plataforma de medios sociales, una donde la gente te escuche, entonces tienes que dar, no tomar. Esta es la razón por la que la regla 20-a-1 es una buena regla práctica.

Monitorea tu marca

Te guste o no, la gente está hablando de ti, de tu marca o de tu organización en línea. En este mismo momento. ¿Sabes lo que están diciendo? ¿Te *gusta* lo que están diciendo?

Como decíamos anteriormente, un componente importante de una estrategia de medios sociales es construir un puesto de avanzada (ver el capítulo 17 «Comprende el modelo»). Es una especie de servicio de inteligencia o una estación de escucha que te permite monitorear las conversaciones en línea. Cada vez que alguien dice algo sobre mi empresa —o sobre mí— en línea, lo sé en cuestión de minutos.

Por ejemplo, cuando todavía era el gerente ejecutivo de Thomas Nelson, uno de nuestros socios minoristas escribió una entrada de blog en la que se quejaba de que un envío que había recibido de nosotros estaba dañado. Se sentía frustrado porque incluía algunos ítems especiales, que le había prometido a uno de sus clientes. Como resultado, quedó en la posición incómoda de tener que llamar al cliente y explicarle por qué su ítem no iba a ser entregado como prometió.

Debido a mi sistema de monitoreo en línea, fui notificado antes de que pasara una hora de la publicación de la entrada.

Pude entonces ir a su blog y comentar su entrada. Me disculpé y prometí resolver el problema tan pronto como abriera nuestra oficina. El vendedor a cargo de su cuenta se contactó con él y le ofreció reponerle de un día para otro los libros dañados.

Este tipo de interacción tiene cuatro beneficios: 1) permite que resuelvas el problema de tu cliente; 2) te da una retroalimentación inmediata del mercado sobre tu servicio; 3) demuestra que estás escuchando y respondes; y 4) te brinda una oportunidad para abordar las preocupaciones públicas del cliente (en este caso respondiendo a su entrada de blog; pero un correo electrónico, una llamada telefónica o una visita personal también funcionan). Este último punto es particularmente importante. Lo que se dice en Internet queda en Internet. Si no entras en la conversación, eso te hace ver como un arrogante, un incompetente o ambas cosas.

Estas son las acciones específicas que tú, como individuo u organización, puedes llevar a cabo para monitorear tu marca en línea:

1. **Regístrate en Google Alerts.**[1] Es rápido y superfácil. Lo mejor de todo es que es gratis. Una vez que lo haces, puedes entrar los nombres de aquellos que quieres monitorear. Sugiero que comiences con los siguientes:

   Tu nombre personal y sus variaciones; los nombres de tus principales ejecutivos; el nombre de tu empresa u organización; los nombres de tus marcas, productos o servicios más importantes; y los nombres de tus competidores clave.

   Ahora decide cómo quieres ser notificado. Puedes elegir el correo electrónico o el *feed* RSS.

2. **Usa la búsqueda de Twitter.**[2] Puedes usar esta pequeña herramienta accesible para monitorear los mismo nombres que pusiste en Google Alerts. Luego puedes guardar la búsqueda para volver a usarla o marcar la página de resultados de búsqueda en tu *browser*. Como alternativa, puedes crear una columna de búsqueda en HootSuite o TweetDeck.

3. **Involúcrate en la conversación.** Si alguien dice algo positivo, quizás quieras agradecerle. Si alguien dice algo negativo, definitivamente quieres responder. De lo contrario, su lado de la conversación es el único que queda registrado. Puedes hacer esto en el mismo medio en que se produjo el comentario original.

4. **Resuelve el problema.** Obtendrás cierto crédito por escuchar. Obtendrás más crédito por responder. Pero tu tarea no está terminada hasta que sigas y resuelvas el problema de la persona. Por supuesto, no podrás satisfacer a todos. Pero debes tratar. Y hagas lo que hagas, ¡no culpes al cliente por el problema!

Una vez más, la gente está hablando de ti en línea. La única pregunta es si participarás de la conversación o no.

Defiende tu marca

Se necesitan años para construir una marca. Lamentablemente, no hay muchos atajos. Construyes una marca, como una reputación, de a una impresión a la vez. Cada encuentro con un cliente tiene como resultado un «depósito» o una «extracción» en tu «cuenta de marca».

Hace veinte años, si un cliente tenía una mala experiencia con tu empresa, no importaba tanto. Seguro, podía contarles a sus amigos, y si suficientes personas tenían malas experiencias, podían contarles a sus amigos. Finalmente, te llegaría. Pero no sucedería de un día para otro.

Pero obviamente las cosas son diferentes hoy. La comunicación digital ha cambiado todo. Si un cliente tiene una mala experiencia, puede mandar un correo electrónico a sus amigos, *tuitear* a sus seguidores o *bloguear* su experiencia. En un abrir y cerrar de ojos, una mala experiencia puede generar en cascada miles, y hasta millones, de impresiones. Las marcas pueden dañarse en unos días. Por esta razón es tan importante que monitorees tu marca en línea.

Este es un ejemplo de cosas que salen mal. David Alston *tuiteó* acerca de la mala experiencia que tuvo su esposa con U-Haul. Decía: «Mi esposa acaba de pasar por una experiencia de servicio al cliente muy desagradable con nuestro representante local de U-Haul. Directamente grosero. ¿Quieren hacer negocios?».[1]

En segundos, este mensaje le llegó a los más de mil quinientos seguidores que tiene en Twitter. En una hora, otras dos docenas de personas usaron Twitter para compartir su propia experiencia negativa con U-Haul. Miles de impresiones negativas siguieron. La conversación creció como una bola de nieve.

David canceló luego su reserva con U-Haul y reservó un camión a Penske.[2] *Tuiteó* sobre el excelente servicio al cliente que le dieron. Esto también creció como una bola de nieve.

En unas pocas horas, U-Haul perdió miles de dólares en ganancias y Penske probablemente ganó miles. Esto ni se compara siquiera con el daño a largo plazo a la marca U-Haul. Todo porque U-Haul no comprendió el poder crudo del consumidor de hoy.

Este tipo de experiencia se replica en Twitter cientos de veces por día. También sucede en mensajes de correo electrónico, blogs, salas de chat y foros de discusión.

Experimenté este fenómeno de primera mano cuando tuve una mala experiencia como cliente recientemente. *Tuiteé* el incidente y luego escribí una entrada de blog sobre él. Me sorprendió cómo se fue acumulando gente con una historia de mal servicio al cliente, una tras otras.[3]

Esto me hizo pensar. Si eres responsable por construir o mantener una marca —y esto incluye a todo gerente ejecutivo, dueño de empresa, vendedor, publicista y representante de servicio al cliente— tienes que saber cómo defender tu marca en línea. Nunca hubo tanto en juego.

Estas son siete sugerencias para defender tu marca en la era digital:

1. **Construye una presencia en línea.** El momento de construir una audiencia es *antes* de que la necesites. Precisas gente a la que agregar valor, un pequeño ejército de seguidores, si deseas, que pueda ayudarte cuando lo necesites. Esta es la razón por la que todo gerente ejecutivo, gerente de marca y líder de departamento debe crear un blog, mantener una página de Facebook y estar activos en Twitter. No hay forma menos costosa de crear una equidad de marca que usando estas simples herramientas.

2. **Monitorea la conversación.** Debes usar herramientas en línea para monitorear lo que se está diciendo de tu compañía y de tus marcas. Yo uso Google Alerts para monitorear noticias y blogs. Uso la función de búsqueda incorporada en HootSuite para monitorear Twitter. (Ver el capítulo 57, «Monitorea tu marca».) Estas herramientas te permiten involucrarte en el arte de la escucha digital.

   Como resultado, sé en pocos minutos cuando alguien me menciona a mí, a mi compañía o a una de mis marcas. Sé precisamente lo que dijeron, quién lo dijo y cómo puedo responder si decido hacerlo. Nunca ha sido más fácil espiar lo que los clientes están diciendo. Y no cuesta un centavo.

3. Responde rápidamente a las críticas. Como dice la vieja publicidad, «la velocidad mata». Si no respondes rápidamente, pierdes el control de la conversación. Toma vida propia. Por ejemplo. David Alston *blogueó* sobre su mala experiencia con U-Haul al menos dos veces. Sin embargo, mientras estoy escribiendo esto, nadie de U-Haul ha publicado todavía un comentario en respuesta a ninguna de las entradas.

Una amiga mía, Anne Jackson, tuvo una mala experiencia con American Airlines. *Tuiteó* sobre lo que le pasó el 6 de abril de 2008. Luego escribió una entrada de blog unos días después con el título «American Airlines Is the Devil» [American Airlines es el diablo].[4] Unas treinta y ocho personas comentaron la entrada, muchas con sus propias historias de horror con American Airlines.

Anne me dijo que estaba recibiendo unos tres mil quinientos visitantes por día en su blog en ese momento. Otras mil personas más o menos se enteraron de su experiencia a través de Twitter. Si American hubiera estado monitoreando su marca en línea, podría haber sido la primera en comentar sobre su entrada. En cambio, miles de personas leyeron acerca de su experiencia y luego leyeron comentarios en su blog sobre otros clientes que habían tenido malas experiencias con la línea aérea.

Conste que el 29 de mayo de 2008 American llamó a Anne, se disculpó por la «confusión» en abril, y le dio su premio de siete mil quinientas millas. Es asombroso que les haya tomado casi dos meses responder. ¿Cuántas personas leyeron sobre la experiencia de Anne mientras tanto?

Por suerte, American tiene ahora un departamento de medios sociales muy activo. He tenido varias interacciones positivas con ellos. Han mejorado drásticamente su servicio al cliente a través de este canal.

4. Admite tus errores. ¿Por qué esto es tan difícil? Cuando cometes un error, la única, y quiero decir *única*, respuesta aceptable es asumir toda la responsabilidad. «Señor, lamento tanto que haya tenido esta experiencia. No hay excusa. Cometimos un error terrible, y vamos a repararlo».

Si te encuentras disculpándote y luego usando la palabra *pero*, detente de inmediato y retrocede. Esa pequeña conjunción debería ser como una luz roja intermitente que indica que no estás asumiendo la responsabilidad.

Lamentablemente, el uso de *pero* niega por completo el pedido de disculpas. Para citar al doctor Phil: «Puedes tener razón o puedes ser feliz». Puedes recorrer un largo trecho hacia la solución de un problema simplemente aceptando la responsabilidad en lugar de culpar al cliente o a algún otro factor.

Si vas a disculparte —y debes hacerlo—, que sea una disculpa completa. Evita la palabra *pero* como la plaga. Enfrenta el golpe a tu orgullo y asume el problema. El cliente siempre tiene la razón. Incluso cuando no la tiene.

5. **Comprende el valor que tiene el cliente de por vida.** Escuché por primera vez el concepto en el excelente libro de Carl Sewell *Clientes para siempre.*[5] Sewell era un vendedor de Cadillac en Dallas, Texas. No necesitó mucho tiempo para descubrir que sus clientes valían más que una sola transacción. Calculó que cada cliente valía potencialmente $332,000, si regresaba cada cierto tiempo y compraba un coche nuevo. (El libro fue escrito en 1990, de modo que con los precios de hoy ajustados por la inflación, probablemente valdría el doble.)

Ahora considera a American Airlines. El valor de por vida de los clientes de su negocio vale, estoy seguro, decenas de miles —quizás cientos de miles— de dólares. Afortunadamente, mis experiencias con American han sido mayoritariamente positivas. Pero si tuviera una mala experiencia como la de Ana, piensa en las implicaciones.

Solo por diversión, hagamos el cálculo. Cuando era gerente ejecutivo de Thomas Nelson, en un año típico, gastaba más de $12,000 en American Airlines. Ahora, supongamos que viajo más o menos lo mismo todos los años, a lo largo de cuarenta años de carrera (desde los veinticinco a los sesenta y cinco). Sobre la base de esto, un cálculo simple, sin ajustar por la inflación, da que mi valor de por vida para American Airlines es $480,000. Es un número grande.

Pero esto solo comienza a raspar la superficie. Esto es lo que valgo para American... solo yo. Pero ¿y todos los demás en mi círculo de influencia? Cuando estaba en Thomas Nelson, probablemente teníamos más de doscientos empleados por año que volaban por American. También están los que me siguen en Twitter (actualmente más de cien mil) o leen mi blog (actualmente más de cincuenta mil lectores por día). La onda expansiva es significativa. Hay millones de dólares en juego.

Y solo estoy usando American como ejemplo. Una vez más, quiero enfatizar que mi experiencia con ellos ha sido excelente. Si todo lo demás se mantiene, son mi línea aérea de elección. Mi punto aquí es más personal: ¿cuál es el valor de por vida de *tus* clientes o seguidores? ¿Te has detenido alguna vez a calcularlo? No solo necesitas comprender lo que está en juego, sino que también tiene que hacerlo tu gente. Es literalmente el futuro de tu negocio y tu marca.

6. Empodera a tus empleados —o a ti mismo— para resolver problemas. Como cliente, no hay nada peor que tener un choque frontal con la burocracia. Todos hemos pasado por eso. «Lo siento, señora, pero tengo que chequear con mi supervisor». O peor: «Me gustaría ayudarlo, pero tenemos una política en contra de eso».

Tim Ferriss, autor del *best seller* titulado *La semana laboral de cuatro horas*, dice a sus empleados y contratistas: «Mantengan felices a los clientes. Si es un problema que se soluciona por menos de $100, usen su criterio y solucionen el problema sin consultar. Esta es una autorización oficial por escrito y un pedido de que solucionen todos los problemas que cuestan menos de $100 sin contactarse conmigo».[6]

Creo que es un enfoque razonable. De hecho, he elevado el tope a $200. También pido que los empleados notifiquen a su supervisor después del hecho, de modo que, si hay un problema sistémico que lleva al mal servicio al cliente, pueda ser abordado y solucionado de una vez y para siempre.

Ferriss continúa señalando: «Es sorprendente cómo el coeficiente intelectual de alguien parece duplicarse no bien uno le da una responsabilidad y le indica que confía en él».[7] Es sorprendente lo rápido que una mala experiencia del cliente puede convertirse en buena cuando se empodera a los empleados que atienden al público para que resuelvan los problemas de inmediato, sin demoras. Nada más que esto comunica a tus clientes que tu compañía los valora.

Nota que también sugiero que te empoderes para resolver problemas. Con eso quiero decir que estés dispuesto a invertir el tiempo y/o el dinero necesario (dentro de lo razonable) para rectificar un problema. Los propietarios únicos suelen dudar de arreglar las cosas, porque se dan cuenta de que todo el dinero que gasten sale directamente de sus bolsillos. Una vez más, cuando se toma en consideración el valor de un cliente, es más fácil tomar la decisión.

7. **Supera las expectativas de tus clientes.** Todos los problemas con los clientes son oportunidades para crear una experiencia wow. Pero no es suficiente satisfacer sus expectativas... tienes que superarlas. Cualquier cosa inferior es una mera restitución. Solo vuelve a ponerte en igualdad de condiciones.

Recientemente tenía unos problemas de memoria con mi MacBook Pro. La llevé a la tienda de Apple. El «genio» (así es como literalmente se los llama) arregló el problema de memoria rápidamente, que es lo que esperaba. Luego me devolvió la computadora y dijo: «Señor Hyatt, espero que no le importe, pero mientras estábamos chequeando su computadora, nos dimos cuenta de que la batería no estaba fijada correctamente, así que la reemplazamos por una nueva». ¡Wow! Ahora, eso es servicio al cliente... ¡y una de las razones por las que sigo comprando productos Apple!

Un último pensamiento: también es una gran idea escuchar las conversaciones sobre los competidores. Por ejemplo, si Marriott tuviera un Google Alert configurado para «Sheraton», podrían escuchar en línea a los clientes suficientemente frustrados con su experiencia en el Sheraton como para escribir al respecto un blog. Cuando sucede, pueden ser los primeros en publicar un comentario. Podría ser algo de este tipo:

Lamento que haya tenido una experiencia tan mala en el Sheraton. No puedo hablar por ellos, pero puedo decirle que Marriott ha sido calificado como el # 1 en el mundo por el servicio al cliente tanto por Expedia como por Hotels.com. Como incentivo para que nos dé una oportunidad, quisiera ofrecerle un 20% de descuento a usted y a sus lectores. Cuando haga sus reservas, simplemente dé al operador la siguiente frase promocional: «Experimente la diferencia». También puede usar esto si hace sus reservas en línea. Esperamos ansiosos poder servirlo.[8]

Si has invertido tiempo y dinero para construir tu marca, también vale la pena invertir tiempo en el uso de estas simples herramientas y tácticas para defender tu marca.

CINCUENTA Y NUEVE

No alimentes a los gnomos

uando construyas tu plataforma, vas a atraer críticas. Es inevitable.
De hecho, si no atraes críticas, deberías preguntarte por qué. Las
críticas son normales.

¿Por qué? Porque si tienes algo importante que decir, puedes sacudir
el statu quo e incomodar a la gente. Finley Peter Dunne dijo una vez
sobre los periodistas: «Nuestro trabajo es afligir al confortable y confor-
tar al afligido». Como *bloguero*, esa podría ser incluso parte de tu misión.
Lamentablemente, esto casi siempre encuentra resistencia.

Seamos honestos: las críticas duelen. Al menos es lo que me pasa
a mí. He estado en el centro de la atención pública desde que mi
primer libro, *The Millennium Bug*,[1] alcanzó la lista de *best sellers* del
New York Time más de trece años atrás. Escribir tres libros más, convertirme en gerente ejecutivo y luego director de una gran empresa
editorial, y lanzar un blog muy público no ha ayudado a que dejara
de ser un blanco.

Teóricamente, sé que esto es solo el precio que tengo que pagar. Pero
emocionalmente, siempre me saca de mi eje.

Una de las cosas que me ha ayudado en los últimos años es distinguir
entre tres tipos de críticas:

1. **Verdaderos amigos.** No todas las críticas son malas. Que el cielo no
   permita que hagamos oídos sordos a los que no están de acuerdo con
   nosotros. «Fieles son las heridas del que ama».[2] Algunas personas están en nuestra vida para salvarnos de nosotros mismos. Como líder, y

bloguero, el truco es crear un ambiente seguro para el disenso, así esta gente puede opinar.

2. **Críticas honestas.** Algunas personas deciden estar en desacuerdo con nosotros y lo dicen en público. No son maliciosas. No quieren destruirte. Simplemente no están de acuerdo contigo. Está bien. Tenemos que permitir una diversidad de opinión. Además, podrías aprender algo de esto. Enriquece la conversación. Tienes que involucrarte con estas personas y no convertir sus críticas en algo personal. No todos tienen que estar de acuerdo contigo.

3. **Gnomos insalubres.** Esta gente tiene un plan. Están para lastimarte... o al menos para usarte para sus propios fines. Quieren llevarte a una pelea. Te insultan y se burlan de ti. No son razonables. Si te involucras con ellos, solo te distraerán y consumirán tus recursos.

Lo mejor que puedes hacer es ignorarlos. Como alguien dijo una vez: «La resistencia solo los hace más fuertes». Nunca los satisfarás. Solo sigue haciendo lo que sabes que estás llamado a hacer. Mira el capítulo 54 para una discusión más detallada de cómo lidiar con comentarios que cruzan la línea de la educación.

Debes aprender a distinguir entre estos tres grupos. Supongo que todos son amigos o críticos honestos hasta que se demuestre lo contrario. Puedo ser ingenuo, pero prefiero dar a la gente el beneficio de la duda que vivir una vida de paranoia.

SESENTA

Monetiza tu blog

No comencé a *bloguear* para hacer dinero con esto. Nunca se me cruzó esa idea. Cuando alguien sugería que comenzara a aceptar publicidad, me resistía. Pensaba que, de algún modo, comprometería mi integridad.

Luego me di cuenta de que todos los profesionales cobran por su trabajo. De hecho, esto es lo que separa a los profesionales de los aficionados. Por ejemplo, los músicos venden entradas. Los artistas venden cuadros. Los autores reciben regalías. Los oradores cobran honorarios.

Si quieres que tu blog sea un pasatiempo, bien. Pero el arte y el dinero no son enemigos. De hecho, en la mayoría de los casos, el primero no es posible sin el segundo.

En realidad puedes monetizar tu arte sin vender tu alma. Gano varios miles de dólares por mes usando una combinación de estos tres métodos.

1. **Vende publicidad.** Puedes comenzar en pequeño con una serie de *plugins* de WordPress (una razón fundamental para usar el autohospeda-do WordPress). Comencé con WP125[1] y comencé a vender pequeños avisos de 125 x 125 pixeles. Eso me generó suficientes ingresos como para cubrir mis costos de hospedaje y brindar un poco de «dinero para diversión».

   Cuando gané impulso, creé un kit completo de publicidad[2] para anunciantes potenciales. Usé Google Analytics para reunir las mediciones clave y luego, usando SurveyMonkey, llevé a cabo una encuesta entre los lectores para recoger información demográfica y psicográfica.

Cuando mi tráfico llegó a cuarenta mil vistas de página por mes, contraté la Beacon Ad Network.[3] Es un servicio en línea que maneja la venta de tus avisos. Puedes cobrar lo que quieras por aviso, pero se quedan con una comisión del 30%. Se especializan en el mercado cristiano. Su compañía hermana, BuySellAds.com,[4] maneja el mercado general.

Por cierto, nunca he usado Google AdSense. Simplemente no me gusta cómo se ve. Sin embargo, puede haber cambiado desde la última vez que lo evalué. Si estás interesado, John Saddington en TentBlogger.com tiene un maravilloso conjunto de entradas sobre AdSense.[5]

2. Promociona afiliados. Una vez más, yo comencé en pequeño: me registré como Amazon Associate[6] y comencé a usar mi código de afiliado en mis vínculos a libros y otros productos. (Lo coloco en la parte inferior de cada entrada.) Ahora gano consistentemente entre seiscientos y setecientos dólares por mes a través de estos vínculos.

Luego, incorporé gradualmente otros productos. Por ejemplo, promociono *Evernote Essentials: Second Edition*,[7] de Brett Kelly, siempre que escribo sobre Evernote. Lo hago con plena integridad, pues creo es el mejor lugar para comenzar si quieres levantarte y andar rápidamente.

También estoy afiliado a otros productos variados como Standard Theme,[8] Nozbe,[9] y ScribeSEO.[10] La clave es encontrar productos que en realidad uses y que creas que serán beneficiosos para tus lectores. Mi única regla es si no lo uso, no lo promociono.

Si hay un producto que te enloquece, especialmente un producto informático, vale la pena verificar si el editor o el fabricante tienen disponible un programa de afiliación. También puedes chequear Amazon. Venden mucho más que libros.

3. Vende productos. Hace unos años, escribí un libro electrónico llamado *Writing a Winning Non-Fiction Book Proposal*.[11] Decidí convertirlo en una archivo de PDF y venderlo en mi blog. Se ha vendido consistentemente, mes tras mes. De hecho, todavía no he visto que las ventas declinen.

El año pasado, decidí escribir un edición para la ficción llamada *Writing a Winning Fiction Book Proposal*.[12] Solo vende aproximadamente un 50% del de no ficción, pero igual valió la pena el esfuerzo. También vendo los dos libros como un paquete.

Lo mejor respecto de vender productos como estos, en especial los digitales, es que trabajan mientras duermes. Todo el sistema es seguro. Los clientes compran los libros, el sistema les provee un link para descargar el archivo y luego el dinero se deposita en tu cuenta de PayPal.

Estos métodos son solo los métodos directos que puedes usar para monetizar tu blog. También puedes usar tu blog para generar demanda de charlas, *coaching* o servicio de consultoría... algo que yo también hago.

La clave para monetizar tu arte sin vender tu alma es ofrecer avisos, productos y servicios que sean congruentes con tu marca y que agreguen valor a tus lectores.

Da el primer paso

Hace varios años, por invitación de mi amigo Robert Smith, Gail y yo asistimos a un seminario de Tony Robbins en Dallas, Texas. Gran parte del fin de semana se focalizaba en superar el miedo.

Un momento particularmente significativo fue la «caminata sobre el fuego» que se llevó a cabo la primera noche del evento. Toda la noche Tony había estado hablando del miedo y cómo a menudo nos impide lograr las cosas verdaderamente importantes en la vida.

Estaba de acuerdo con él... al menos en teoría. Lo había presenciado incontables veces en mi propia vida y en las vidas de mi familia, mis amigos y colegas de negocios. Mientras él seguía hablando, yo tomaba copiosas notas y asentía con la cabeza.

Pero luego Tony anunció que íbamos a participar en una experiencia que nos obligaría a enfrentar nuestros miedos y serviría como una poderosa metáfora para nuestra vida. Íbamos a caminar sobre el fuego. ¡Descalzos!

¿Qué?, pensé. Miré a Gail. Ella me miró. Teníamos los ojos muy abiertos de miedo, y la mandíbula nos caía sobre el pecho. Con la boca formé las palabras: «Dios mío».

Pero no había vuelta atrás. Estábamos comprometidos. Antes de haber salido para el seminario, Robert nos había hecho prometer que cumpliríamos con todo. Habíamos aceptado hacer todo lo que Tony nos pidiera, sin importar qué.

Después de aproximadamente una hora de entrenamiento, Tony condujo a toda su audiencia, unas quince personas, afuera, al estacionamiento del hotel. Allí su gente había creado doce líneas de carbones ardientes, cada una de tres metros y medio de largo. Había carbones blancos de calor y rojos encarnados, con lenguas de fuego que bailaban en la oscuridad. Mientras nos poníamos en fila para esperar nuestro turno para pasar por los carbones, podíamos sentir el calor... ¡más de mil grados!

Antes de lo que hubiera querido, era la siguiente persona en la fila. No recuerdo mucho después de pisar las brasas. Mantuve la cabeza erguida y seguí caminando.

Recuerdo que llegué al final de la línea, que me enjuagaron los pies con agua fría, y que me sentía lleno de júbilo. ¡Lo había hecho! Gail y yo nos abrazamos y saltamos hacia arriba y hacia abajo.

Como había dicho Tony, esto ha sido una poderosa metáfora en nuestras vidas. Lo hemos usado una y otra vez, siempre que enfrentamos algo desafiante o aparentemente imposible.

¿Qué tiene que ver esto con construir una plataforma? Todo.

Ponerse a desarrollar una plataforma puede ser abrumador y atemorizante. Hay tanto que aprender.

- ¿Qué si cometes un error o te ves como un tonto?

- ¿Qué si no les gustas?

- ¿Qué si fracasas?

Déjame contarte un secreto. Olvídate de todo eso. Igual que para caminar sobre el fuego, *la clave es comenzar*. Una vez que des el primer paso, todo lo demás se solucionará solo. Pasarás sobre los carbones ardientes del miedo, la duda y la confusión, y llegarás al otro lado.

Por supuesto, es tu elección. No tienes que hacer este viaje. Puedes echarte atrás, abandonar y vivir lamentando por lo que podría haber sido.

¡Pero te estarías perdiendo tantas cosas!

Esta es la pregunta que siempre hago cuando enfrento una tarea de enormes proporciones: «¿Qué posibilitaría el lograr esto?». Más específicamente, ¿qué posibilitaría a tu empresa, tu causa o tu campaña tener una plataforma como la que discutimos en este libro? ¿Qué te posibilitaría *a ti*?

Lo único que tienes que hacer es dar el primer paso. Tú descubrirás el resto.

Cumple con las indicaciones de la FTC

No soy abogado, por lo tanto, lo siguiente no es un consejo legal. Solo estoy compartiendo contigo algunas cosas que hago en mi blog en mi intento lego de cumplir con las regulaciones federales.

Hace unos años, la Federal Trade Commission (FTC) de Estados Unidos publicó nuevas indicaciones que exigen que los *blogueros* «revelen las conexiones materiales de los productos o servicios que respaldan».[1] De hecho, según la Public Relations Society of America (PRSA), «las personas que *bloguean, tuitean* o usan Facebook para publicar opiniones sobre productos de consumo pueden ser multados con $11,000 por violaciones repetidas de las nuevas normas federales de declaración».[2]

No sé cuán seria será la FTC al aplicar estas indicaciones en el futuro. He leído algunos informes que indican que se centrarán fundamentalmente en los anunciantes que intentan influenciar a los *blogueros* sin que les pidan que revelen que o les están pagando o recibieron bienes o servicios gratuitos.

En un intento por descifrar las nuevas indicaciones de la FTC, la PRSA dice:

La FTC considera que [los *blogueros*] «respaldan» y los hace responsables junto con los anunciantes de afirmaciones falsas o insustanciadas o de no revelar las conexiones materiales entre las partes.[3]

¿Qué significa eso? Significa que, si tienes una «conexión material» con un tercero anunciante o patrocinador, debes revelarlo. Específicamente.

> Se considera que los *blogueros* que reciban dinero o pago en especias (incluidos productos o servicios gratis para reseñar) respaldan y, por lo tanto, deben revelar las conexiones materiales que comparten con el vendedor del producto o servicio.[4]

Entonces, ¿cómo lo hacemos en la práctica? Un sitio web llamado Cmp.ly (como en «comply», cumplir) facilita a anunciantes y *blogueros* cumplir con las indicaciones de la FTC.[5] Han creado una serie de declaraciones y códigos fácil de usar que puedes utilizar junto con tus entradas de blog, *tuits* y otras interacciones de medios sociales. Brindan una lista estándar de seis declaraciones.

1. Sin conexión material
2. Copia para reseña
3. Muestra gratis
4. Entrada patrocinada
5. Relación empleado/accionista
6. Vínculos de mercadeo afiliado

Brindan «etiquetas» gráficas que puedes insertar junto con tus entradas. La FTC no requiere esto, y personalmente, me parecen molestos. Quiero cumplir con la ley, pero no quiero distracción adicional o abarrotamiento.

Originalmente, pensé que sería menos molesto insertar simplemente una nota después, por ejemplo, de cada vínculo de afiliado. Como probablemente sepas, si mencionas en tu blog un libro y usas tu código de afiliado de Amazon, Amazon te pagará una pequeña comisión cuando alguien haga clic y compre el producto. Este enfoque se ve de este modo:

> Durante la última semana más o menos, he estado leyendo *Team of Rivals* [vínculo de afiliado] de Doris Kearns Goodwin. Es un relato apasionante de la presidencia de Abraham Lincoln y su genio político.

Después de convivir con esto por un tiempo, sentí que también era un poco pesado y molesto, especialmente si hay numerosos vínculos dentro de una entrada, como suelo tener.

Por lo tanto, decidí incluir una declaración general al final de cada entrada de blog. En lugar de usar una etiqueta, uso un simple bloque de texto. Está en una fuente más pequeña (aunque sigue siendo legible) y un color ligeramente más claro. Este enfoque se ve de este modo:

Estos mismos defectos de carácter afligen a muchos lectores hoy. La mejor salvaguarda es la autoconciencia.

Pregunta: ¿Ves algunos de estos defectos en tu liderazgo? ¿Qué puedes hacer para corregirlos ahora... cuando todavía tienes tiempo?

Declaración de conexión material: algunos de los vínculos en la entrada anterior son «vínculos de afiliado». Esto significa que si haces clic en el vínculo y compras el ítem, recibiré una comisión de afiliado. Más allá de eso, solo recomiendo productos o servicios que uso personalmente y que creo que agregarán valor a mis lectores. Estoy declarando esto de acuerdo con la norma **16 CFR, parte 255** de la Federal Trade Commission: «Indicaciones que conciernen al uso de respaldos y testimonios en publicidad».

Actualmente tengo las siguientes cinco plantillas de declaración. Inserto al menos una al final de cada entrada.

- **Declaración 1: Sin conexión material.** Esta es la declaración estándar que uso cuando no tengo vínculos incluidos o relación con ninguno de los productos o servicios que he mencionado:

   Declaración de conexión material: no he recibido ninguna compensación por escribir esta entrada. No tengo conexión material con las marcas, productos o servicios que he mencionado. Estoy declarando esto de acuerdo con la norma 16 CFR, parte 255 de la

Federal Trade Commission: «Indicaciones que conciernen al uso de respaldos y testimonios en publicidad».

- **Declaración 2: Vínculos de afiliado**. Esta es la declaración que uso cuando incluyo un vínculo de afiliado de Amazon o de algún otro proveedor.

  Declaración de conexión material: algunos de los vínculos en la entrada anterior son «vínculos de afiliado». Esto significa que si haces clic en el vínculo y compras el ítem, recibiré una comisión de afiliado. Más allá de eso, solo recomiendo productos o servicios que uso personalmente y que creo que agregarán valor a mis lectores. Estoy declarando esto de acuerdo con la norma 16 CFR, parte 255 de la Federal Trade Commission: «Indicaciones que conciernen al uso de respaldos y testimonios en publicidad».

- **Declaración 3: Copia para reseña o de muestra**. Esta es la declaración que uso cuando estoy reseñando un libro u otro producto que he recibido de alguien con la idea de que haga una reseña.

  Declaración de conexión material: he recibido uno o más de los productos o servicios mencionados anteriormente gratis con la intención de que los mencione en mi blog. Más allá de eso, solo recomiendo productos o servicios que uso personalmente y que creo que serán buenos para mis lectores. Estoy declarando esto de acuerdo con la norma 16 CFR, parte 255 de la Federal Trade Commission: «Indicaciones que conciernen al uso de respaldos y testimonios en publicidad».

- **Declaración 4: Entrada patrocinada**. Esta es la declaración que uso cuando alguien me paga para escribir una entrada para un producto, servicio o conferencia. Rechazo este tipo de entradas más frecuentemente de lo que las acepto, porque tengo que estar auténticamente entusiasmado con el producto.

Declaración de conexión material: esta es una «entrada patrocinada». La empresa que la patrocina me compensó a través de un pago de dinero, regalo o alguna otra cosa de valor para escribirla. Más allá de eso, solo recomiendo productos o servicios que uso personalmente y que creo que serán buenos para mis lectores. Estoy declarando esto de acuerdo con la norma 16 CFR, parte 255 de la Federal Trade Commission: «Indicaciones que conciernen al uso de respaldos y testimonios en publicidad».

- **Declaración 5: Relación empleado/accionista**. Esta es la declaración que uso cuando escribo sobre un libro que ha publicado Thomas Nelson, donde tuve el cargo de gerente ejecutivo.

Declaración de conexión material: soy el exgerente ejecutivo de Thomas Nelson, la empresa que publicó este libro. Más allá de eso, solo recomiendo libros que he leído personalmente y que creo que serán buenos para mis lectores. Estoy declarando esto de acuerdo con la norma 16 CFR, parte 255 de la Federal Trade Commission: «Indicaciones que conciernen al uso de respaldos y testimonios en publicidad».

Siéntete libre de tomar prestado este método o cualquier otro de mi texto de declaración.

Si estás usando WordPress, también puedes automatizar todo este proceso, usando un *plugin* llamado Add Post Footer.[6] Solo pon tu texto predeterminado en la página de configuración del *plugin*. Yo uso la Declaración 2 como predeterminada. Luego puedo cambiar esto entrada por entrada, usando un campo personalizado. La documentación del *plugin* explica cómo.

Ideas de entradas para novelistas

En ocasiones, cuando hablo del tema de los medios sociales, encuentro la oposición de los novelistas. «Sí, un blog puede ser una gran forma de que los autores de no ficción construyan una plataforma, pero ¿y los novelistas? ¿De qué podemos escribir?».

Buena pregunta. Estas son trece ideas de entradas para comenzar (la docena del panadero):

1. **Extractos de tu novela.** Esto es probablemente lo más fácil. Tiene la ventaja adicional de permitirnos, a tus potenciales lectores, «probar la mezcla». Solo escribe un párrafo para encuadrar el extracto. Ah, y asegúrate de poner un vínculo a tu libro, así podemos comprarlo (por supuesto).

2. **La historia detrás de tu novela.** Cuéntanos por qué escribiste tu novela. ¿Cómo decidiste el argumento? ¿Cómo se te ocurrieron los principales personajes? ¿Por qué elegiste ese escenario? ¿Qué investigación tuviste que hacer antes de poder comenzar a escribir?

3. **Una mirada tras bastidores.** Danos una idea de cómo es ser un novelista. ¿Cómo te sentiste cuando finalmente llegaste a un agente? ¿Cómo es un día típico de escritura para ti? ¿Qué sentiste cuando viste tu libro impreso y tuviste un ejemplar en la mano por primera vez?

4. **Notas del director.** Este es el tipo de cosas que a veces ves en las versiones extendidas de las películas. Explica por qué elegiste comenzar con una escena particular. Habla de las escenas que tuviste que borrar, o

aquellas que tuviste que agregar para mejorar la historia. No subestimes la curiosidad de los lectores.

5. **Entrevístate.** Los autores suelen quejarse de que los profesionales que hacen reseñas no han leído su libro o no lo entienden. Bien. ¿Quién conoce tu novela mejor que tú? Nadie. Entonces, ¡entrevístate! Diviértete con eso. ¿Qué preguntas deseas que te hagan?

6. **Entrevista a tus personajes.** Imagina que tu novela es una película y puedes entrevistar a los actores que interpretaron a los personajes principales. ¿Qué les preguntarías? ¿Qué dirían? Otra idea: si tu novela fuera convertida en película y pudieras elegir el elenco, ¿qué actores famosos buscarías para los papeles principales?

7. **Entrevista a otros novelistas.** Encuentra otros novelistas de tu género y entrevístalos. De hecho, construye un círculo de novelistas similares a ti y generen juntos una tribu. Entrevístense entre sí. Tal vez hasta pueden hacer regalos de libros.

8. **Entrevista a tu editor.** A la edición todavía la rodea una mística y la gente quiere espiar detrás de la cortina. Encuentro que a mis lectores les encanta esto. Pregunta a tu editor cómo es trabajar con novelistas. (Si tienes valor, pregúntale cómo es trabajar contigo.) ¡Llévalo a contar historias sobre trabajar con los mejores y los peores!

9. **Entrevista a los comercializadores.** Esta es otra variante de la última idea. Habla con la gente de mercadeo que trabaja para tu editor. ¿Cómo se comercializa la ficción? ¿En qué se diferencia de la no ficción? ¿Cómo se comercializa una película? ¿Qué lo hace divertido? ¿Qué lo convierte en un desafío?

10. **Aconseja a otros escritores.** ¿Qué sugerencias y consejos tienes para ofrecer a otros aspirantes a novelista? ¿Qué consejo tienes respecto de encontrar la historia adecuada, asegurar un agente, cumplir con un plazo de entrega o repasar un plan de mercadeo? Solo responde la pregunta: «¿Qué habría querido saber antes que sé ahora?».

11. **Obstáculos comunes.** ¿Cuáles son los desafíos que enfrentas como escritor? ¿Cómo es la experiencia de ser rechazado (como indudablemente

te sucedió)? ¿Qué te hizo seguir cuando quisiste dejar todo? ¿Cómo manejas el bloqueo del escritor o que te hagan una reseña negativa? Ser honesto y transparente te humaniza y fortalece el vínculo con tus lectores.

12. **Desafíos emocionales.** Estos podrían ser una extensión de la última idea, pero concéntrate en las emociones. Ciertamente, la experiencia de escribir saca lo mejor y lo peor de nosotros. ¿Alguna vez te sientes inadecuado? ¿Atascado? ¿Abrumado? ¿Desilusionado? ¿Cómo manejas estas emociones como escritor? ¿Cómo impides que te saquen de tu eje?

13. **Lecciones aprendidas.** Si has escrito una novela, has hecho lo que millones aspiran, pero pocos logran alguna vez. ¿Qué has aprendido en el camino —sobre escribir, sobre publicar, sobre comercializar— sobre ti? Cuéntanos, así no tenemos que aprender por las malas.

Estoy seguro de que solo estoy rascando la superficie, pero esto debería ser suficiente para comenzar.

Recursos

Aquí he compilado una lista de algunos de los mejores recursos para construir tu plataforma.

LIBROS

Garfinkel, David. *Advertising Headlines That Make You Rich: Create Winning Ads, Web Pages, Sales Letters and More* (Nueva York: Morgan James Publishing, 2006).

Godin, Seth. *Tribus: necesitamos que tú nos lideres* (Barcelona: Gestión 2000, 2009).

Klauser, Henriette Anne. *Escríbelo y haz que se cumpla* (Madrid: Espasa, 2001).

Port, Michael. *Tu mejor promotor, tú mismo: el sistema más fácil, más rápido y más confiable para obtener más clientes de los que puedes manejar, aun si odias el mercado y las ventas* (Sunrise, FL: Taller de Éxito, 2010).

Pressfield, Steven. *Do the Work* (Hastings-on-Hudson, NY: The Domino Project, 2011).

Schwartz, David. *La magia de pensar a lo grande* (Barcelona: Vía Magna, 2007).

Stephenson, Sean. *Get Off Your "But": How to End Self-Sabotage and Stand Up for Yourself* (San Francisco: John Wiley & Sons, 2009).

BLOGS

CopyBlogger website: www.copyblogger.com/blog.
Jeff Goins Writer website: goinswriter.com.
ProBlogger website: www.problogger.net.
TentBlogger website: tentblogger.com.

SOFTWARE

Acorn, publicado por Flying Meat Software: flyingmeat.com/acorn.
Anti-Social: anti-social.cc.
BlogJet, publicado por Coding Robots: www.codingrobots.com/blogjet.
BoxShot 3D: www.boxshot3d.com.
Business Card Composer, publicado por BeLight Software: www.belightsoft. com/products/composer/overview.php.
Call Recorder para Skype: www.ecamm.com/mac/callrecorder.
Cold Turkey: getcoldturkey.com.
FeedBurner, administración de lista de correo electrónico: feedburner.google.com.
MailChimp, administración de lista de correo electrónico: mailchimp.com.
MarsEdit, publicado por Red Sweater: www.red-sweater.com/marsedit.
QuickTime Pro, publicado por Apple: www.apple.com/quicktime/extending.

SITIOS WEB
Amazon Associates: affiliate-program.amazon.com.
BufferApp: bufferapp.com.
CardFaves: www.cardfaves.com.
Cmp.ly: cmp.ly.
Compete: compete.com.
DomainTools: www.domaintools.com.
Google Analytics: www.google.com/analytics.
HootSuite: hootsuite.com
iStockPhoto: michaelhyatt.com/recommends/istockphoto.
Klout: klout.com/home.
Marketing Grader: marketing.grader.com.
Ping-o-matic: pingomatic.com.
Scribd: www.scribd.com.
SimplyVideo: www.simplyvideo.com.
SocialOomph: michaelhyatt.com/recommends/socialoomph.
TweetPages: tweetpages.com.
Twitter: twitter.com.
Vimeo: vimeo.com.

TEMAS Y *PLUGINS* DE WORDPRESS
Add Post Footer: wordpress.org/extend/plugins/add-post-footer.
All-in-One SEO Pack: semperfiwebdesign.com.
Askimet: wordpress.org/extend/plugins/askimet.
Attention Grabber: attentiongrabber.tommasoraspo.com.
Beacon Ad Network: beaconads.com.
BuySellAds: buysellads.com.
Disqus: disqus.com.
ElegantThemes: michaelhyatt.com/recommends/elegantthemes.
GigPress: gigpress.com.
NivoSlider: nivo.dev7studios.com.
Public Post Preview: wordpress.org/extend/plugins/public-post-preview.
Scribe: michaelhyatt.com/recommends/scribeseo.
Standard Theme: michaelhyatt.com/recommends/standardtheme.
VaultPress: vaultpress.com/?utm_source=plugin-uri&utm_medium=plugindescrip
    tion&utm_campaign=1.0.
WooThemes: michaelhyatt.com/recommends/woothemes.
WordPress: wordpress.org.
WP125: wordpress.org/extend/plugins/wp125.

OTROS RECURSOS
David Garfinkel, sitio web de ventas «Fast, Effective Copy», michaelhyatt.com/
    recommends/fasteffectivecopy.
EAHelp.com Executive Assistants: www.eahelp.com.
Sitio web de la Conferencia SCORRE: www.scorreconference.com.

Notas

CAPÍTULO 1

1. Por alguna extraña razón, este video parece haber sido retirado del sitio corporativo de Apple. Sin embargo, Joachim Selke lo ha archivado en su blog personal: blog.joachim-selke.de/2010/11/steve-jobs-macworld-2007-keynote-in-high-quality (acceso obtenido 10 enero 2012).

CAPÍTULO 2

1. «One for One Movement», blog del sitio corporativo de TOMS, www.toms.com/our-movement (acceso obtenido 10 enero 2012).
2. «Top 10 of 2011: Overheard from the Giving Side», blog corporativo de TOMS, 22 diciembre 2011, www.toms.com/blog/content/top-10-2011-overheard-giving-side (acceso obtenido 10 enero 2012).
3. David McCullough, *1776: The Illustrated Edition* (Nueva York: Simon & Schuster, 2007).
4. Eugene O'Kelly, *Momentos perfectos: cómo mi muerte inminente me transformó la vida* (Barcelona: Alienta, 2007).
5. «Sandra's Story», University of Miami School of Medicine, Cochlear Implant Center, http://cochlearimplants.med.miami.edu/patients/success_stories/Sandra's%20Story.asp.

CAPÍTULO 3

1. Josh Wilding, «Spider-Man: Turn Off the Dark's Preview Night Was a Disaster!», ComicBookMovie.com (blog), 29 noviembre 2010, www.comicbookmovie.com/fansites/joshw24/news/?a=25796 (acceso obtenido 2 enero 2012).
2. David James Young, «Spider Man Musical Preview "an Epic Flop"», DigitalJournal.com (blog), 29 noviembre 2010, www.digitaljournal.com/article/300858 (acceso obtenido 2 enero 2012).
3. Wilding, «Preview Night Was a Disaster!».

CAPÍTULO 5

1. Proverbios 29.18.

CAPÍTULO 6

1. Si buscas este ejemplo, ya no lo encontrarás: hace un tiempo Yahoo se asoció a Match.com para formar un sitio de ambas marcas llamado «Match.com on Yahoo».

2. «Yahoo! Personals Tagline: The Dating Game», Igor (sitio web), www.igorinternational.com/process/yahoo-tagline-brand-engagement.php (acceso obtenido 2 enero 2012).

3. *Building the Perfect Beast: The Igor Naming Guide* (PDF publicado por el autor), 23 mayo 2011, http://www.igorinternational.com/process/igor-namingguide.pdf (acceso obtenido 2 enero 2012).

4. Por favor, ten en cuenta que estas indicaciones son principalmente para libros de no ficción y entradas de blog. Los títulos de ficción de la próxima aparición son algo totalmente distinto, aunque parece que la estrategia suele ser crear intriga, por ejemplo, *La reina en el palacio de las corrientes de aire* o *La voz de la noche*.

5. David Garfinkel, *Advertising Headlines That Make You Rich: Create Winning Ads, Web Pages, Sales Letters and More* (Nueva York: Morgan James Publishing, 2006).

CAPÍTULO 7

1. SurveyMonkey (recurso de recolección de datos), www.surveymonkey.com (acceso obtenido 19 enero 2012).

CAPÍTULO 8

1. Yolanda Allen, «"I'm Not Babysitting Your French Fries!"—Take Responsibility for Running Your Own Business», BetterNetworker.com (sitio web), 1 julio 2010, http://www.betternetworker.com/articles/view/personal-development/discipline/im-not-babysitting-your-french-fries-take-responsibility-for-running-your-own-busi (acceso obtenido 2 enero 2012).

CAPÍTULO 9

1. David Schwartz, *La magia de pensar a lo grande* (Barcelona: Vía Magna, 2007).

2. Henriette Anne Klauser, *Escríbelo y haz que se cumpla* (Madrid: Espasa, 2001).

3. Henriette Anne Klauser, *Write It Down, Make It Happen: Knowing What You Want and Getting It* (Nueva York: Fireside, 2000), pp. 29–30.

CAPÍTULO 10

1. Dave Ramsey, *La transformación total de su dinero: un plan efectivo para alcanzar bienestar económico* (Nashville: Grupo Nelson, 2008), p. 133.

2. Steven Pressfield, *Do the Work* (Hastings-on-Hudson, NY: The Domino Project, 2011).

CAPÍTULO 11

1. David Cornish y Dianne Dukette, *The Essential 20: Twenty Components of an Excellent Health Care Team* (Pittsburgh: RoseDog Books, 2009), pp. 72–73.

2. Aileen Pincus, "The Perfect (Elevator) Pitch", Businessweek.com (sitio web), 18 junio 2007, www.businessweek.com/careers/content/jun2007/ca20070618_134959.htm (acceso obtenido 2 enero 2012).

3. Michael Port, *Book Yourself Solid: The Fastest, Easiest, and Most Reliable System for Getting More Clients than You Can Handle Even if You Hate Marketing and Selling* (Hoboken, NJ: John Wiley & Sons, 2011), pp. 49–60 [*Tu mejor promotor,*

tú mismo: el sistema más fácil, más rápido y más confiable para obtener más clientes de los que puedes manejar, aun si odias el mercado y las ventas (Sunrise, FL: Taller de Éxito, 2010)].

CAPÍTULO 12

1. Ver el sitio web de la Leatherman Argentum Collection, www.leatherman.com/argentum/collection (acceso obtenido 22 febrero 2012).
2. Acorn, publicado por Flying Meat Software, flyingmeat.com/acorn (acceso obtenido 3 enero 2012).
3. Business Card Composer, publicado por BeLight Software, www.belightsoft.com/products/composer/overview.php (acceso obtenido 3 enero 2012).
4. Sitio web de CardFaves.com, www.cardfaves.com (acceso obtenido 3 enero 2012).
5. Sitio web de WooThemes, www.woothemes.com (acceso obtenido 3 enero 2012).
6. Sitio web de ElegantThemes, michaelhyatt.com/recommends/elegantthemes (acceso obtenido 3 enero 2012).
7. Sitio web de Standard Theme, michaelhyatt.com/recommends/standardtheme (acceso obtenido 3 enero 2012).
8. Sitio web de TweetPages, michaelhyatt.com/recommends/tweetpages (acceso obtenido 3 enero 2012).

CAPÍTULO 13

1. Sean Stephenson, *Get Off Your «But»: How to End Self-Sabotage and Stand Up for Yourself* (San Francisco: John Wiley & Sons, 2009), pp. 168s.
2. EAHelp.com Executive Assistants, www.eahelp.com (acceso obtenido 3 enero 2012).

CAPÍTULO 14

1. Paul Resnikoff, «Artists Say Facebook Likes Are Three Times More Valuable than Email Signups», Digital Music News (sitio web), 15 diciembre 2011, www.digitalmusicnews.com/permalink/2011/111215facebook (acceso obtenido 2 enero 2012).
2. Ver Christopher McDougall, *Nacidos para correr: una tribu oculta, superatletas y la carrera ma?s grande que el mundo nunca ha visto* (Nueva York: Vintage Español, 2011).
3. Michael Hyatt, *Creating Your Personal Life Plan* (libro electrónico publicado por el autor, 2011). Obtenga un ejemplar gratis en: michaelhyatt.com/life-plan.

CAPÍTULO 15

1. Ver «Smile», Wikipedia, última modificación, 30 diciembre 2011, en.wikipedia.org/wiki/Smile#Duchenne_smiling (acceso obtenido 2 enero 2012).

CAPÍTULO 16

1. Michael Hyatt, «Keynote Speaker», MichaelHyatt.com (blog), michaelhyatt.com/product/speaking (acceso obtenido 2 enero 2012).
2. «About Bloomberg Media», BloombergMedia.com (sitio web), www.bloombergmedia.com/about (2 enero 2012).

3. Página del catálogo Sundome 4, Coleman (sitio web), http://www.coleman.com/product/sundomereg-4-tent/2000007827?contextCategory=DomeTents#.UFU1hrKPWuk (acceso obtenido 14 enero 2012).

4. Ibíd.

5. Ver el sitio web de BoxShot 3D, www.boxshot3d.com (acceso obtenido 2 enero 2012).

6. Sitio web de Vimeo, vimeo.com (acceso obtenido 2 enero 2012).

7. «Bio», Ken Davis (sitio web), www.kendavis.com/booking-info/bio/ (acceso obtenido 1 febrero 2012).

8. «Introduction of Michael Hyatt», MichaelHyatt.com (blog), michaelhyatt.com/myresources/michael-hyatt-business-audience-intro.pdf (acceso obtenido 2 enero 2012).

9. Sitio web de Scribd, www.scribd.com (acceso obtenido 2 enero 2012).

10. «Crush It!—The Experience», Crush It (sitio web), crushitbook.com/crushit-the-experience (acceso obtenido 2 enero 2012).

11. «The Jolt Experience», Jolt Your Life (sitio web), www.joltyourlife.com/experience (acceso obtenido 2 enero 2012).

12. Mi amigo John Richardson esbozó recientemente varias posibilidades, incluidos vínculos con vendedores. Ver John Richardson, «Create Custom Resources for Your Speaking Business», *Success Begins Today* (blog), 11 agosto 2011, successbeginstoday.org/wordpress/2011/08/create-custom-resources-for-your-speaking-business (acceso obtenido 2 enero 2012).

13. Kit de medios de *La cumbre final*, Andy Andrews (sitio web), www.andyandrews.com/ms/the-final-summit (acceso 2 de enero 2012).

14. Puedes descargar la versión PDF del kit de medios de Andy Andrews en: www.andyandrews.com/ms/the-final-summit/Andrews-The_Final_Summit-MediaKit.pdf (acceso obtenido 22 febrero 2012).

15. Sitio web de EntreLeadership, www.entreleadership.com/home (acceso obtenido 2 de enero 2012). También ver http://www.daveramsey.com/store/books/dave-s-bestsellers/empreliderazgo/prodempre.html.

16. Dov Seidman (sitio web), dovseidman.com (acceso obtenido 2 enero 2012).

17. Ver Life After College (sitio web), www.lifeaftercollege.org/book (acceso obtenido 2 enero 2012).

CAPÍTULO 17

1. Chris Brogan y Julien Smith, *Trust Agents: Using the Web to Build Influence, Improve Reputation, and Earn Trust* (Nueva York: Wiley, 2010). Ver michaelhyatt.com/recommends/trustagents (acceso obtenido 15 enero 2012).

2. Jon Dale, «Using a Social Media Framework to Grow Your Tribe», JonDale.com (blog), 7 julio 2009, http://www.jondale.com/using-a-social-media-framework-to-grow-your-tribe/ (acceso obtenido 2 enero 2012).

3. Ver el sitio web de Hootsuite.com, hootsuite.com (acceso obtenido 3 enero 2012).

4. Ver el sitio web de Google Alerts, www.google.com/alerts (acceso obtenido 3 enero 2012).

CAPÍTULO 19

1. Ver el blog de Seth Godin, sethgodin.typepad.com; el blog de Chris Brogan, www.chrisbrogan.com; y el blog de Tim Ferriss, www.fourhourworkweek.com/blog (acceso obtenido 22 febrero 2012).

2. Ver el sitio web de Compete, compete.com (acceso obtenido 3 enero 2012).

3. Perfil de Twitter de Guy Kawasaki, twitter.com/#!/guykawasaki (acceso obtenido 3 de enero 2012).

4. Perfil de Twitter de Chris Brogan, twitter.com/#!/chrisbrogan (acceso obtenido 3 enero 2012).

5. Perfil de Twitter de Tim Ferriss, twitter.com/#!/tferriss (acceso obtenido 3 enero 2012).

CAPÍTULO 20

1. Esta versión requiere que alojes tu blog en tu propio servidor o en uno que rentes. Parece más complicado de lo que es. Sin embargo, solo te recomiendo esto una vez que hayas generado un poco de tráfico y quieras avanzar al siguiente nivel.

2. BlogJet Software, publicado por Coding Robots, www.codingrobots.com/blogjet (acceso obtenido 3 enero 2012).

3. MarsEdit, publicado por Red Sweater *software*, www.red-sweater.com/marsedit (acceso obtenido 3 enero 2012).

4. TypePad blogging *software*, www.typepad.com (acceso obtenido 3 enero 2012).

5. MailChimp (*software* para administrar lista de correo electrónico), publicado por el Rocket Science Group, michaelhyatt.com/recommends/mailchimp (acceso obtenido 3 enero 2012).

6. AWeber (*software* para administrar lista de correo electrónico), publicado por Aweber Communications, www.aweber.com (acceso obtenido 3 enero 2012).

7. FeedBlitz (*software* para administrar lista de correo electrónico), www.feedblitz.com (acceso obtenido 3 enero 2012).

8. FeedBurner (*software* para administrar listas de correo electrónico), feedburner.google.com (acceso obtenido 3 enero 2012).

9. Sitio web de Ping-o-matic, pingomatic.com (acceso obtenido 3 enero 2012).

CAPÍTULO 22

1. Sitio web de iStockPhoto, michaelhyatt.com/recommends/istockphoto (acceso obtenido 3 enero 2012).

CAPÍTULO 23

1. James Pilcher, «Telling the Family You Lost Your Job», *Man of the House* (blog), 1 diciembre 2011, manofthehouse.com/money/career-advice/telling-family-lost-job (acceso obtenido 2 enero 2012).

2. Erin Glover, «Opening Night 1937: "Snow White and the Seven Dwarfs" Premieres at Carthay Circle Theater», *Disney Parks Blog* (blog), 21 diciembre 2011, disneyparks.disney.go.com/blog/2011/12/opening-night-1937-snow-white-and-the-seven-dwarfs-premieres-at-carthay-circle-theatre (acceso obtenido 16 enero 2012).

3. Ver el sitio web de Flickr, www.flickr.com (acceso obtenido 3 enero 2012).

4. Para más información, ver el sitio web de Creative Commons, creativecommons. org/licenses (acceso obtenido 3 enero 2012).

CAPÍTULO 24

1. «Let Me Sleep on It: Creative Problem Solving Enhanced by REM Sleep», *Science Daily* (blog), 8 junio 2009, www.sciencedaily.com/releases/2009/06/090608182 421.htm (acceso obtenido 2 enero 2012).

2. Anti-Social *software*, anti-social.cc (acceso obtenido 3 enero 2012).

3. Cold Turkey *software*, getcoldturkey.com (acceso obtenido 3 enero 2012).

4. LifeScapes Music website, www.lifescapesmusic.com (acceso obtenido 3 enero 2012).

5. Me gustó tanto lo que Ken estaba haciendo que me convertí en su socio. Puedes averiguar más en el sitio web de la conferencia SCORRE, www.scorreconference. com (acceso obtenido 3 enero 2012).

6. ByWord *software*, bywordapp.com (acceso obtenido 3 enero 2012).

7. MarsEdit, www.red-sweater.com/marsedit.

8. iStockPhoto, michaelhyatt.com/recommends/istockohoto.

9. Scribe *software*, publicado por Copyblogger media, michaelhyatt.com/recommends/scribeseo (acceso obtenido 3 enero 2012).

CAPÍTULO 25

1. Michael Hyatt, «How to Use Google Reader to Keep Up with Your Favorite Blogs», MichaelHyatt.com (blog), 8 noviembre 2010, michaelhyatt.com/how-to-use-google-reader-to-keep-up-with-yourfavorite-blogs.html (acceso obtenido 2 enero 2012).

2. Call Recorder para Skype, publicado por Ecamm Network LLC, www.ecamm. com/mac/callrecorder (acceso obtenido 3 enero 2012).

3. QuickTime Pro *software*, publicado por Apple, www.apple.com/quicktime/extending (acceso obtenido 3 enero 2012).

4. Sitio web de Duarte Design, www.duarte.com (acceso obtenido 3 enero 2012).

5. Public Post Preview, *plugin* para WordPress, wordpress.org/extend/plugins/public-post-preview (acceso obtenido 3 enero 2012).

CAPÍTULO 27

1. Michael Hyatt, «My Permissions Policy», MichaelHyatt.com (blog), michaelhyatt. com/permissions (acceso obtenido 3 enero 2012).

2. Sitio web de DomainTools, www.domaintools.com (acceso obtenido 3 enero 2012).

CAPÍTULO 28

1. Hay notables excepciones a esta regla. Tim Ferriss suele escribir solo una vez por semana y tiene un tráfico enorme.

2. Sitio web de PostRank, www.postrank.com (acceso obtenido 3 enero 2012).

3. Sitio web de CopyBlogger, www.copyblogger.com/blog (acceso obtenido 3 enero 2012).

4. Brian Clark, «How to Write Magnetic Headlines», *CopyBlogger* (blog), www. copyblogger.com/magnetic-headlines (acceso obtenido 2 enero 2012).

CAPÍTULO 29

1. Michael Hyatt, «About», MichaelHyatt.com (blog), michaelhyatt.com/about (acceso obtenido 2 enero 2012).
2. Ree Drummond, «About», *The Pioneer Woman* (blog), thepioneerwoman.com/ about (acceso obtenido 2 enero 2012).
3. Kate McCulley, «About Kate», *Adventurous Kate's Solo Female Travel Blog* (blog), www. adventurouskate.com/about-this-blog/about-kate (acceso obtenido 2 enero 2012).
4. Ibíd.
5. Para la versión más actual, ver mi blog: Michael Hyatt, «About», MichaelHyatt. com (blog), michaelhyatt.com/about (acceso obtenido 3 enero 2012).

CAPÍTULO 30

1. Michael Hyatt, «Keynote Speaker», MichaelHyatt.com (blog), michaelhyatt.com/ product/speaking (acceso obtenido 2 enero 2012).
2. Michael Hyatt, «Creating Your Personal Life Plan», MichaelHyatt.com (blog), michaelhyatt.com/life-plan (acceso obtenido 2 enero 2012).
3. Michael Hyatt, «The Fastest Way to Get a Book Contract—Guaranteed», MichaelHyatt.com (blog), michaelhyatt.com/product/writing-a-winning-book-proposal (acceso obtenido 2 enero 2012).
4. Ibíd.
5. Garfinkel, *Advertising Headlines*.
6. David Garfinkel, «Fast, Effective Copy», sitio web de ventas, michaelhyatt.com/ recommends/fasteffectivecopy (acceso obtenido 2 enero 2012).
7. BoxShot 3D, www.boxshot3d.com.

CAPÍTULO 31

1. «Keynote Speaker», michaelhyatt.com/product/speaking.
2. Ibíd.
3. Canal que comparte presentaciones de SlideShare (sitio web), www.slideshare.net (acceso obtenido 29 enero 2012).
4. Sitio web de SimplyVideo, www.simplyvideo.com (acceso obtenido 3 enero 2012).
5. iStockPhoto, michaelhyatt.com/recommends/istockphoto.
6. Sitio web de NivoSlider, nivo.dev7studios.com (acceso obtenido 3 enero 2012).
7. GigPress, *plugin* para WordPress, gigpress.com (acceso obtenido 3 enero 2012).
8. Sitio web de Ken Davis, promote.kendavis.com (acceso obtenido 3 enero 2012).

CAPÍTULO 32

1. WeeMacd, «What's the Point of Blogging? (or Maybe Just This Blog?)», *Enquire Blog* (blog), 16 abril 2007, www.enquire.org.uk/youngpeople/wordpress/?p=47 (acceso obtenido 2 enero 2012).
2. Citado en Rick Warren, *The Purpose Driven Church* (Grand Rapids: Zondervan, 1995), p. 99 [*Una iglesia con propósito* (Miami: Vida, 1998)].

CAPÍTULO 33

1. Seth Godin, *Tribus: necesitamos que tú nos lideres* (Barcelona: Gestión 2000, 2009).
2. Donald Miller, *Tal como el jazz: pensamientos no religiosos sobre la espiritualidad cristiana* (Nashville: Thomas Nelson, 2006).
3. Sitio web de Wine Library TV, tv.winelibrary.com (acceso obtenido 3 enero 2012).
4. Hechos 20.35.

CAPÍTULO 34

1. Sitio web del Marketing Grader de Hubspot, marketing.grader.com (acceso obtenido 3 enero 2012).

CAPÍTULO 35

1. Sitio web de WordPress, wordpress.org (acceso obtenido 3 enero 2012).
2. Sitio web de Google Analytics, www.google.com/analytics (acceso obtenido 3 enero 2012).
3. Sitio web de WordPress Standard Theme, michaelhyatt.com/recommends/standardtheme (acceso obtenido 3 enero 2012).
4. Jim Estill, «Shorter Is Better», *CopyBlogger* (blog), www.copyblogger.com/shorter-is-better (acceso obtenido 2 enero 2012).
5. Scribe (sitio web), publicado por Copyblogger Media, michaelhyatt.com/recommends/scribeseo (acceso obtenido 3 enero 2012).
6. Sitio web de Disqus, disqus.com (acceso obtenido 3 enero 2012).
7. Garfinkel, *Advertising Headlines*.
8. «All in One SEO Pack», WordPress Plugin Directory, wordpress.org/extend/plugins/all-in-one-seo-pack/ (acceso obtenido 1 febrero 2012).
9. Scribe, michaelhyatt.com/recommends/scribeseo.
10. Jeff Goins, «Seven Steps to Writing a Successful Guest Post», MichaelHyatt.com (entrada de blog), 27 mayo 2011, michaelhyatt.com/seven-steps-to-writing-a-successful-guest-post.html (acceso obtenido 18 enero 2012).
11. Michael Hyatt, «An Invitation to Write for My Blog», michaelhyatt.com/an-invitation-to-write-for-my-blog.html (acceso obtenido 18 enero 2012).

CAPÍTULO 36

1. MailChimp, michaelhyatt.com/recommends/mailchimp.
2. AWeber, www.aweber.com.
3. CopyBlogger (blog), www.copyblogger.com/blog (acceso obtenido 3 enero 2012).
4. ProBlogger (sitio web), www.problogger.net (acceso obtenido 3 enero 2012).
5. Hugh MacLeod's gapingvoid (sitio web), gapingvoid.com (acceso obtenido 3 enero 2012).
6. «About gapingvoid», gapingvoid.com/about (acceso obtenido 3 enero 2012).
7. Hyatt, *Creating Your Personal Life Plan*.

CAPÍTULO 37

1. Google Analytics (sitio web), www.google.com/analytics (acceso obtenido 3 enero 2012).

2. Si usas el autohospedado WordPress, como yo, puedes modificar la plantilla de archivo .php. Si usas una plataforma diferente, el proceso será distinto. Quizás necesites ayuda técnica. Es un procedimiento simple, pero tendrás que saber un poco de PHP para realizarlo.

3. SocialOomph (sitio web), michaelhyatt.com/recommends/socialoomph (acceso obtenido 3 enero 2012).

4. WooThemes, www.woothemes.com/.

CAPÍTULO 38

1. *Jeff Goins Writer* (blog), goinswriter.com (acceso obtenido 2 enero 2012).

2. Leo Babauta, *Zen Habits* (blog), zenhabits.net (acceso obtenido 2 enero 2012).

3. Brian Clark, *CopyBlogger* (blog), www.copyblogger.com/blog (acceso obtenido 2 enero 2012).

4. *Chris Brogan* (blog), chrisbrogan.com (acceso obtenido 2 marzo 2012).

CAPÍTULO 39

1. Hyatt, *Creating Your Personal Life Plan*.

2. Interweave Quilting (sitio web), interweave.com/quilting (acceso obtenido 3 enero 2012).

3. BookSneeze (sitio web), booksneeze.com (acceso obtenido 3 enero 2012).

4. «Free eBook: *10 Commandments of Marketing Automation*», *HubSpot* (blog), www.hubspot.com/marketing-automation-commandments (acceso obtenido 2 enero 2012).

5. Gary Vaynerchuk, «Crush It!—The Experience», Crush It Book (sitio web), crushitbook.com/crush-it-the-experience (acceso obtenido 2 enero 2012).

CAPÍTULO 41

1. Google Analytics (sitio web), www.google.com/analytics (acceso obtenido 3 enero 2012).

2. Disqus, disqus.com.

3. Klout (sitio web), klout.com/home (acceso obtenido 18 enero 2012).

CAPÍTULO 42

1. «Twitter Is the Best Way to Discover What's New in Your World», Twitter.com/about (acceso obtenido 18 enero 2012).

CAPÍTULO 43

1. Twitter (sitio web), twitter.com (acceso obtenido 19 enero 2012).

2. Centro de Ayuda de Twitter (sitio web), support.twitter.com (acceso obtenido 19 enero 2012).

3. HootSuite, hootsuite.com.

4. Buffer (sitio web), bufferapp.com (acceso obtenido 19 enero 2012).

5. SocialOomph, www.socialoomph.com.

CAPÍTULO 44

1. SurveyMonkey, www.surveymonkey.com.
2. Michael Hyatt, «The Beginner's Guide to Twitter», MichaelHyatt.com (blog), michaelhyatt.com/the-beginners-guide-to-twitter.html (acceso obtenido 29 enero 2012).
3. Michael Hyatt, *Invasion of Privacy: How to Protect Yourself in the Digital Age* (Washington, DC: Regnery, 2001).
4. Minda Zetlin, «Launch a New Product on Twitter», *Inc.*, 21 junio 2010, www.inc.com/managing/articles/201006/twitter.html (acceso obtenido 2 enero 2012).

CAPÍTULO 46

1. Ver «The Twitter Rules», Twitter.com (sitio web), support.twitter.com/articles/18311-the-twitter-rules (acceso obtenido 3 enero 2012).
2. Ibíd.
3. «How to Promote Your Profile», Twitter.com (sitio web), support.twitter.com/groups/31-twitter-basics/topics/108-finding-following-people/articles/20005336-how-to-promote-your-profile (acceso obtenido 3 enero 2012).
4. Por ejemplo, ver Michael Hyatt, «About @MichaelHyatt», MichaelHyatt.com (blog), michaelhyatt.com/about/twitter (acceso obtenido 3 enero 2012).
5. «Social Analytics», Topsy Labs (sitio web), analytics.topsy.com/?q=RT%20%40michaelhyatt (acceso obtenido 3 enero 2012).
6. Buffer, bufferapp.com.
7. Búsqueda avanzada, Twitter.com (sitio web), twitter.com/#!/search-advanced (acceso obtenido 3 enero 2012).
8. Ver Michael Hyatt, «Social Media and the New Culture of Sharing», MichaelHyatt.com (blog), 29 julio 2010, michaelhyatt.com/social-media-and-the-new-culture-of-sharing.html (acceso obtenido 3 enero 2012).
9. Ver Michael Hyatt, «Why I Won't Retweet You», MichaelHyatt.com (blog), 17 enero 2011, michaelhyatt.com/why-i-wont-retweet-you.html (acceso obtenido 3 enero 2012).
10. SocialOomph, www.socialoomph.com.
11. Ver capítulo 43, «Comprende lo básico de Twitter».

CAPÍTULO 47

1. Christie D'Zurilla, «Ashton Kutcher's Paterno Tweet Sends Actor Running for PR Cover», *Los Angeles Times blog*, 10 noviembre 2011, latimesblogs.latimes.com/gossip/2011/11/ashton-kutcher-paterno-tweet-aplusk-ashton-kutcher.html (acceso obtenido 2 enero 2012).

Capítulo 48

1. Michael Hyatt, «Creating Your Personal Life Plan» (página de aterrizaje), MichaelHyatt.com (blog), michaelhyatt.com/life-plan (acceso obtenido 29 enero 2012).

CAPÍTULO 49

1. «Statistics», sitio web de Facebook website, www.facebook.com/press/info. php?statistics (acceso obtenido 2 enero 2012).

CAPÍTULO 50

1. TweetPages, tweetpages.com.

CAPÍTULO 52

1. Pete Wilson, «The Death of Gratitude», *Without Wax* (blog), 21 noviembre 2011, withoutwax.tv/2011/11/21/the-death-of-gratitude (acceso obtenido 2 enero 2012).
2. Disqus, disqus.com.
3. La forma de implementación será diferente según el *software* que uses para *bloguear*.
4. Askimet, *plugin* para WordPress, wordpress.org/extend/plugins/akismet (acceso obtenido 3 enero 2012).
5. «CAPTCHA», Wikipedia, en.wikipedia.org/wiki/CAPTCHA (acceso obtenido 2 enero 2012).

CAPÍTULO 54

1. Michael Hyatt, «Why Do eBooks Cost So Much? (A Publisher's Perspective)», MichaelHyatt.com (blog), 2 noviembre 2010, michaelhyatt.com/why-do-ebooks-cost-so-much.html (acceso obtenido 20 enero 2012).
2. Askimet, *plugin* para WordPress, wordpress.org/extend/plugins/akismet. Para información adicional, ver también el sitio web de Askimet: akismet.com (acceso obtenido 20 enero 2012).
3. «How to Highlight Author's Comments in WordPress», *wpbeginner* (blog), 3 septiembre 2009, www.wpbeginner.com/wp-tutorials/how-to-highlight-authors-comments-in-wordpress (acceso obtenido 2 enero 2012).

CAPÍTULO 56

1. Chris Brogan, «My New Carry-On- Eagle Creek Tarmac 22», *Chris Brogan* (blog), 18 abril 2010, http://www.chrisbrogan.com/my-new-carry-on-eagle-creek-tarmac-22/ (acceso obtenido 2 enero 2012).

CAPÍTULO 57

1. Google Alerts, www.google.com/alerts.
2. La página de búsqueda de Twitter es twitter.com/#!/search-home. Quizás quieras ponerla como marcador en tu *browser* para tener un acceso rápido.

CAPÍTULO 58

1. David Alston, Twitter (actualización de estado), 26 agosto 2008, twitter.com/#!/davidalston/statuses/899484486 (acceso obtenido 2 enero 2012).
2. David Alston, Twitter (actualización de estado), 26 agosto 2008, twitter.com/#!/davidalston/statuses/899606077 (acceso obtenido 2 enero 2012).

3. Michael Hyatt, «Customer Service and the Butterfly Effect», MichaelHyatt.com (blog), 25 agosto 2008, michaelhyatt.com/customer-service-and-the-butterfly-effect.html (acceso obtenido 2 enero 2012).

4. Anne Jackson, «American Airlines Is the Devil», Flowerdust.net (blog), 6 abril 2008, www.flowerdust.net/2008/04/06/american-airlines-is-thedevil (blog descontinuado).

5. Carl Sewell, *Clientes para siempre* (México: McGraw-Hill, 1994), michaelhyatt.com/recommends/customersforlife (la versión en inglés).

6. Tim Ferriss, *The 4-Hour Workweek: Escape 9–5, Live Anywhere, and Join the New Rich [Expanded and Updated]* (Nueva York: Crown Archetype, 2009), p. 105, http://michaelhyatt.com/recommends/4hour [*La semana laboral de cuatro horas: olvídate de fichar, vive donde quieras y únete al club de los ricos* (Barcelona: RBA-Nueva Empresa, 2008)].

7. Ibíd.

8. Por favor, toma nota: se trata de un ejemplo puramente ficticio.

CAPÍTULO 59

1. Michael Hyatt, *The Millennium Bug: How to Survive the Coming Chaos* (Washington, DC: Regnery Publishing, 1998).

2. Proverbios 27.6.

CAPÍTULO 60

1. WP125, *plugin* de WordPress, wordpress.org/extend/plugins/wp125 (acceso obtenido 3 enero 2012).

2. Puedes descargar una copia en: michaelhyatt.com/advertising. Te dará una idea de lo que necesitas crear si estás seriamente decidido a hacer esto.

3. Ver Beacon Ad Network, beaconads.com (acceso obtenido 3 enero 2012).

4. Ver BuySellAds.com, buysellads.com (acceso obtenido 3 enero 2012).

5. John Saddington, «A Blogger's Guide to Earning More with Google Adsense», TentBlogger.com (blog), 19 septiembre 2011, tentblogger.com/adsense (acceso obtenido 2 enero 2012).

6. Ver el sitio web de Amazon Associates, affiliate-program.amazon.com (acceso obtenido 3 enero 2012).

7. Brett Kelly, *Evernote Essentials: The Definitive Getting Started Guide for Evernote* (libro en PDF publicado por el autor, 2011), michaelhyatt.com/recommends/evernoteessentials (acceso obtenido 3 enero 2012).

8. Ver el sitio web de Standard Theme, michaelhyatt.com/recommends/standardtheme (acceso obtenido 3 enero 2012).

9. Ver el sitio web de Nozbe, michaelhyatt.com/recommends/nozbe (acceso obtenido, 3 enero 2012).

10. Ver el sitio web de Scribe, michaelhyatt.com/recommends/scribeseo (acceso obtenido, 3 enero 2012).

11. Michael Hyatt, *Writing a Winning Non-Fiction Book Proposal* (libro en PDF publicado por el autor, 2010), michaelhyatt.com/product/writing-a-winning-book-proposal.

12. Michael Hyatt, *Writing a Winning Fiction Book Proposal* (libro en PDF publicado por el autor, 2010), michaelhyatt.com/product/writing-a-winning-book-proposal.

APÉNDICE A

1. Federal Trade Commission, «FTC Publishes Final Guides Governing Endorsements, Testimonials», 5 octubre 2009, www.ftc.gov/opa/2009/10/endor-test.shtm (acceso obtenido 2 enero 2012).
2. Greg Beaubien, «New FTC Rules Spotlight Mommy Bloggers, but Target Marketers», *Public Relations Tactics* (blog), 14 diciembre 2009, www.prsa.org/SearchResults/view/8468/105/New_FTC_rules_spotlight_mommy_bloggers_but_target (acceso obtenido 12 enero 2012).
3. Michael Cherenson, «The New FTC Guidelines: Cutting Through the Clutter», PRSAY (blog), 9 octubre 2009, prsay.prsa.org/index.php/2009/10/09/the-new-ftc-guidelines-cutting-through-the-clutter (acceso obtenido 2 enero 2012).
4. Michael Cherenson, «PRSA Offers Clarity on the FTC's Updated Guidelines to Regulate Blogger», *Public Relations Tactics* (blog), 11 abril 2009, www.prsa.org/Intelligence/Tactics/Articles/download/6C-110929/1003/PRSA_Offers_Clarity_on_the_FTC_s_Updated_Guideline (acceso obtenido 2 enero 2012).
5. Ver el sitio web de Cmp.ly, http://cmp.ly (acceso obtenido 3 enero 2012).
6. Ver el *plugin* Add Post Footer para WordPress, wordpress.org/extend/plugins/add-post-footer (acceso obtenido 3 enero 2012).

Agradecimientos

Un libro nunca es un trabajo solitario de un escritor aislado. Así, mucha gente ha forjado lo que soy hoy y, en un sentido muy real, fueron mis colaboradores en este proyecto. Aunque estoy seguro de que me olvidaré de alguien, me gustaría agradecer especialmente a las siguientes personas:

- Mi esposa, Gail, por ser mi mejor amiga, mi socia de negocios y mi amante durante treinta y tres años. Es una fuente constante de aliento para mí, creyendo siempre lo mejor y olvidando lo peor.

- Mis cinco hijas y (hasta ahora) tres yernos por mantenerme auténtico. Aunque me aman incondicionalmente, no me dejan escapar con *nada*. Solo quisiera que apreciaran un poco más mis intentos humorísticos.

- Mi papá y mi mamá, que siempre han notado y afirmado lo mejor de mí y han pasado por alto el resto. Son las dos personas más positivas y alegres que conozco. Ningún hijo podría pedir más.

- Kristen Parrish, editora en jefe de Thomas Nelson, y mi editora en este proyecto. Trabajamos juntos por primera vez cuando ella entró a la empresa, como mi asistente temporal, en 1998. Rescató este proyecto cuando estaba listo para tirar la toalla y demostró una notable paciencia cuando luchaba por terminar.

- Jamie Chavez, mi correctora de originales, que odia la palabra *asombroso* y que insistió en que todos mis sustantivos y pronombres concordaran en número. Agregó el pulido final que este proyecto necesitaba para brillar.

- Brian Scheer y Joy Groglebe, mis administradores, y Tricia Welte, mi asistente ejecutiva. Los tres manejan el aspecto comercial de mi vida, y me liberan para que pueda hacer lo que hago mejor. No podría pedir un equipo mejor.

- Andrew Buckman, mi desarrollador web, que implementa mis locas ideas y hace que mi blog funcione de la mejor manera. Si puedo concebirlo, Andrew puede codificarlo. También tiene las agallas de oponerse cuando sugiero una mala idea.

- Mis vecinos del centro, también conocidos con el «Campus Franklin», que son una fuente de amor y apoyo. Gracias a Steve y Karen Anderson, Matt Baugher, Les y Patsy Clairmont, Ian y Anne Cron, Ken y Diane Davis, Chris Elrod, David y Rhonda Kemp, Lindsey Nobles, Bill Puryear, Keely Scott, Robert Smith, y Spence y Krissy Smith.

- Mis asesores, Daniel Harkavy, Dan Meub e Ilene Muething. Ustedes me enseñaron, me hicieron estirar y ¡sacaron de mí cosas que ni siquiera sabía que estaban allí! Han dado forma a mi pensamiento más de lo que suponen.

- Los líderes de mi comunidad en MichaelHyatt.com, que me ayudan a moderar los comentarios de mi blog. Ustedes también me liberaron para que pudiera focalizarme en lo que puedo agregar más valor. Se han brindado generosamente a mis lectores y les estaré agradecido para siempre. Gracias a Michele Cushatt, Barry Hill Jr., Joe LaLonde, Rachel Lance, Jim Martin, Tim Peters, Jason Stambaugh, Jeremy Statton, John Tiller y Justin Wise.

Finalmente, quisiera agradecer a Morten Lauridsen, Eric Whitacre, Arvo Pärt y John Tavener por darme la banda sonora para mis reflexiones y mi escritura tarde en la noche. ¡Ah sí, y también a Bon Jovi y 2 Limited por despertarme cada mañana!

Acerca del autor

Michael Hyatt ha trabajado en la industria editorial durante casi toda su carrera. Comenzó cuando era estudiante en la Baylor University y desde entonces ha trabajado en todos los aspectos de la publicación de libros. También ha trabajado como agente literario y representante de artistas. Más recientemente, fue el gerente ejecutivo de Thomas Nelson Publishers desde agosto 2005 a abril 2011. Actualmente, es su presidente.

Ahora pasa la mayor parte de su tiempo escribiendo y dando charlas. Su blog es uno de los más populares en el mundo, calificado consistentemente entre los tres más leídos sobre temas de liderazgo, productividad y medios sociales. También habla de estos temas a empresas e iglesias, y en diversas conferencias.

Junto a su esposa, Gail, viven en las afueras de Nashville, Tennessee.

Índice

Contacte a Michael

Para recibir las últimas actualizaciones y recursos de *Plataforma*, visite:

michaelhyatt.com/platform

Michael habla con frecuencia sobre el tema de la construcción de una plataforma. Puede hacer una versión de este contenido de medio día o un día, según sus necesidades. Si está interesado en averiguar más, por favor visite su página de charlas en:

michaelhyatt.com/speaking

También puede comunicarse con Michael en:

Blog: michaelhyatt.com

Twitter: twitter.com/michaelhyatt

Facebook: facebook.com/michaelhyatt